VORFRAGEN
ZU EINEM ÖKUMENISCHEN
AMTSVERSTÄNDNIS

QUAESTIONES DISPUTATAE

Herausgegeben von
KARL RAHNER UND HEINRICH SCHLIER

Theologische Redaktion
HERBERT VORGRIMLER

Internationale Verlagsschriftleitung
ROBERT SCHERER

65

VORFRAGEN
ZU EINEM ÖKUMENISCHEN
AMTSVERSTÄNDNIS

KARL RAHNER

VORFRAGEN ZU EINEM ÖKUMENISCHEN AMTSVERSTÄNDNIS

HERDER
FREIBURG · BASEL · WIEN

Herder Druck Freiburg im Breisgau 1974
ISBN 3-451-02065-3

Vorwort

Die bescheidene Absicht und die Grenzen der Überlegungen dieser kleinen Quaestio disputata werden im ersten Abschnitt dieses Bandes dargelegt. Dieser Band greift nicht unmittelbar und ausdrücklich in die gelehrten Kontroversen ein, die in letzter Zeit über die Möglichkeit einer gegenseitigen Anerkennung der Ämter in den getrennten Kirchen geführt wurden. Nur am Rande dieser Kontroverse macht sich der Verfasser einige Vorüberlegungen, die zunächst einmal ein Problembewußtsein bei ihm selbst wecken, das er so früher selbst nicht gehabt hat. Bei solchen Vorüberlegungen, die mehr Aporien als Antworten erzeugen, wird mit relativ sehr wenig Gelehrsamkeit gearbeitet, geht die Fahrt unvermeidlich ein wenig ins Blaue. Wenn ein Leser dies auch feststellen würde, könnte der Verfasser dies nicht als Tadel oder Vorwurf empfinden. Der Verfasser dankt P. Harald Schöndorf für seine Hilfe.

München, im Februar 1974 *Karl Rahner SJ*

Inhalt

I
Absicht und Grenzen der Überlegungen

Dieser Band erscheint nicht nur in den „Quaestiones disputatae", er *ist* auch wirklich eine Quaestio disputata. Er will überlegen, nicht eine feste Meinung vortragen. Er will innerhalb einer offenen theologischen Disputation, die nicht abgeschlossen ist, sondern weitergehen muß, eine Meinung vortragen, besser: Fragen stellen, Bedenken darüber anmelden, daß die Sache, um die es geht, doch nicht so ganz klar sei, sondern weiterüberlegt werden müsse, noch viele bisher in diesem Zusammenhang kaum zur Geltung gekommene theologische Daten, Fakten, Möglichkeiten bedacht werden müssen. Aber er will keine feste Meinung vortragen; der Band ist in einem *strengeren* Sinn eine Darlegung einer zu disputierenden *Frage*, als es natürlich ein Buch eines einzelnen Theologen immer und unvermeidlich ist.

Der Anlaß ist das Buch der evangelischen und katholischen ökumenischen Institute in Deutschland. Dem Verfasser will scheinen, daß die Antwort, die die Glaubenskommission der Deutschen Bischofskonferenz darauf gegeben hat, entweder zu schnell mit der Frage in einem ganz bestimmten Sinn fertig geworden ist oder wenigstens bei ihrem Leser diesen Anschein erwecken könnte, gerade wenn er gewillt ist, einer solchen irgendwie lehramtlichen Erklärung das ihr zustehende Gewicht auch wirklich zuzubilligen. Das Buch der genannten Institute ist aber nicht der Gegenstand dieser kleinen Quaestio disputata, noch will sie das Thema dieses Buches in der Weise fortführen, in der darin die „Ämterfrage" behandelt wird. Können die heutigen christlichen Großkirchen ihre Ämter und deren Ausübung gegenseitig anerkennen? Das ist die Frage, mit der sich das genannte Buch (grosso modo formuliert) und die genannte Gegenerklärung beschäftigen. Darauf allerdings bezieht sich auch die Überlegung dieser Publikation.

Dieser Band ist mit Absicht ein wenig als eine „Fahrt ins Blaue“ konzipiert. Es wird von vielem und von vielerlei geredet. Das Grundthema wird von den verschiedensten Seiten anzugehen versucht. Diese verschiedenen Gesichtspunkte, Ausgangspunkte, und die daran sich anknüpfenden Überlegungen sind nicht nochmals streng systematisiert. Es wird mehr gefragt als geantwortet. Und diesen Charakter soll der Band auch dann im Verständnis des Lesers nicht einbüßen, wenn am Ende doch noch nachträglich versucht wird, die in den offenen Fragen selbst versteckten Ergebnisse (wenn es solche sind) ein wenig zu „systematisieren“. Wer eine solche „Fahrt ins Blaue“ von vornherein ablehnt, der sollte sich fragen, ob dort, wo echt und ursprünglich und nach Kräften kreativ Theologie getrieben wird, eine solche „Fahrt ins Blaue“ (bis zur berühmten Stange, mit der im Nebel herumgefahren wird) nicht immer am *Anfang* einer theologischen Überlegung steht und eigentlich unvermeidlich ist, wenn nicht nur fertige und schon als sicher feststehende theologische Thesen vorgetragen und verteidigt werden sollen. Natürlich werden solche theologischen *Vor*überlegungen meist nur im stillen angestellt und *danach* die so erreichte Meinung erst nochmals in einer strengeren systematischen Weise aufgebaut und zu beweisen versucht. Aber warum dürfte man nicht einmal auch solche erst noch suchenden *Vor*überlegungen selber vortragen, gleichsam einen Einblick in die theologische Werkstatt gewähren? Warum dürfte man nicht auch solche Werkstattmonologe, die sich ihrer Vorläufigkeit selbst bewußt sind, einmal drucken? Ist der Versuch eines Sprunges über einen Graben nur dann interessant, wenn der Sprung geglückt ist und man dabei sicher nicht in den Graben gefallen ist?

Bei einem solchen Versuch, der dem Verfasser *auch* (nicht nur!) erlaubt zu sein scheint, ist es von selbst gegeben, daß ein kritisch-positiver Apparat der theologischen Argumentation auch fehlen darf. Man hat mir zwar schon unterstellt (z. B. Hans Küng), ich sei ein Verächter der historisch (exegetisch und dogmengeschichtlich) arbeitenden Theologie, ich würde drauflosspekulieren. Aber ich fühle mich in diesem Punkt ungerecht verdächtigt, weil ich ja gar nicht der Meinung bin, das, was man als theologisches Spekulieren abtun will, sei die einzige legitime theologische Methode. Das ist sie gewiß nicht. *Aber* der historischen Arbeit geht doch, soll sie nicht steril werden, soll sie sich nicht über sich selbst einer Täuschung hingeben, ein *Fragen* voraus, das nicht einfach dem historischen Stoff selbst allein deutlich entnommen werden kann. Hat man keine Fragen, bleibt das historische theologische Material stumm, und man bleibt ihm gegenüber blind.

Aber von woher kommen die Fragen, ohne die die historische Untersuchung samt dem Studium der kirchenlehramtlichen Erklärungen für ein theologisches Weiterkommen taub und blind bliebe? Aus einer doppelt einen Quelle: aus dem Leben der Kirche der Gegenwart, ihren Nöten und Bedürfnissen und den Beziehungen der Kirchen untereinander *und* aus den Spannungen, die – halb empfunden, halb unreflektiert – zwischen den einzelnen Momenten des Lebens, der Praxis der Kirche und auch der normal herrschenden Schultheologie bestehen. Solche Dinge müssen durch eine erste Reflexion deutlicher ins Bewußtsein gehoben werden. So entstehen die Fragen und Aporien, mit denen man sich dann erst an die eigentlichen theologischen „Quellen" (im hergebrachten Sinn) wenden kann. Eine solche erste Reflexionsstufe, wie man dieses anfängliche Suchen nennen könnte (auch wenn sie vermischter in jeder echten theologischen Arbeit mitgegeben ist), bedarf nicht notwendig eines großen wissenschaftlichen Apparates. Man kann Berufung einlegen auf Tatsachen und Lehren, die gemeinhin schon bekannt sind. Wenn man solche Berufungen lang und breit wissenschaftlich „belegen" würde, könnte man den Dunst einer großen theologischen Gelehrsamkeit um eine solche Überlegung herum ausbreiten. Aber viel echten Nutzen hätte eine solche „Gelehrsamkeit" nicht. Man kann solches getrost Doktorarbeiten und Habilitationsschriften überlassen.

Der in dieser Schrift abgedruckte zusätzliche Anhang über die „Offene Kommunion" ist bei einer ganz anderen Gelegenheit entstanden, hatte einen ganz anderen Zweck und verwendet darum auch eine ganz andere Methode, über die der Anfang des Beitrags genügend Auskunft gibt. Dieser Beitrag war ein „Papier", das für die Glaubenskommission der Deutschen Bischofskonferenz abgefaßt wurde, die sich mit dieser Frage der „Interkommunion" beschäftigte, ohne freilich sehr viel weiter zu kommen als zur Feststellung, daß über diese Frage auch in dieser Kommission sehr unterschiedliche Auffassungen herrschen. Anlaß und Zweck dieses Papiers brachten es mit sich, daß es nicht mehr vorschlagen wollte, als wofür sein Verfasser in dieser Kommission die Möglichkeit eines Konsenses meinte erhoffen und erwarten zu können, wenn auch sich dann diese Hoffnung schließlich nicht erfüllte. Diese Absicht des Papiers brachte es mit sich, daß es erheblich weniger „weit geht" als die in dieser Quaestio disputata vorgelegten Überlegungen. Das Papier trug in meiner Meinung und Absicht eine Art „Minimalprogramm" vor, auch wenn es anderen Mitgliedern der genannten Kommission noch zu „maximal" war. Die eigentliche Quaestio disputata hier sucht fragend in Richtung auf ein Maximalprogramm. Wenn dieser Unterschied, der dem Verfasser selbst sehr bewußt ist, beachtet wird, wird der Leser ein richtig verstandenes „Zusammenpassen" der beiden Stücke dieses Bandes nicht vermissen müssen, dies zumal auch darum nicht, weil das Gutachten über die Offene Kommunion doch eigentlich nur die Frage behandelt, unter welchen Voraussetzungen ein evangelischer Christ zur katholischen Eucharistiefeier zugelassen werden könne, die umgekehrte Frage aber nicht eigentlich gestellt wird. Die eigentliche Abhandlung aber behandelt gerade die Frage, wie nach einem katholischen Verständnis, wenn dieses wirklich ganz katholisch und nicht legalistisch verengt ist, man ein heutiges evangelisches Abendmahl theologisch verstehen könne und dürfe, auch wenn *diese* Frage nochmals in der Abhandlung selbst nur unter einem allgemeineren Gesichtspunkt der „Ämter" überhaupt gestellt wird.

Zur richtigen Würdigung dieser Quaestio disputata muß noch folgendes betont werden: Die Überlegung läuft darauf hinaus, daß die Kirche auf dem Gebiet der Sakramente und Ämter viel mehr „kann" (und vielleicht auch in einer „Ökonomie" tut), als ihre Schultheologie reflex und ausdrücklich davon weiß. Dadurch ist aber gerade gegeben, daß die Frage nach den Möglichkeiten und die Frage nach den (implizit und vor allem explizit von der Kirche selbst gesetzten) Wirklichkeiten auseinanderzuhalten sind. Diese notwendige Unterscheidung bedeutet zwar nicht, daß es sicher sei, daß der Umfang des Tatsächlichen mit dem Umfang des ausdrücklich sakramentenjuristisch Gesetzten einfach identisch sei. (Im Gegenteil: es ist ja gerade die Absicht der Arbeit, es denkbar zu machen, daß der Umfang des sakramental durch eine „Ökonomie" Gültigen nicht einfach identisch ist mit dem Umfang des sakramentenrechtlich ausdrücklich als gültig Anerkannten.) Da aber der genannte Unterschied dennoch grundsätzlich gültig bleibt (es kann sakramental Ungültiges geben, *weil* es die Kirche nicht als gültig anerkennt) und vor allem, weil gar nicht behauptet wird, daß die These von einem durch „Ökonomie“ Gültigen einfach sicher sei, ist in der ganzen Arbeit eigentlich für sich allein keine unmittelbar für Katholiken praktikable Norm hinsichtlich des *handelnden* Beurteilens der nichtkatholischen Ämter und Sakramentenvollzüge gegeben. Für die Frage praktischer Normen ist hier (wenigstens der Absicht nach) nur eine *Vor*arbeit geleistet. Mehr nicht. Manchem wird dies zu wenig erscheinen. Dem Verfasser nicht. Man kann einen kirchlichen Pragmatismus als Anstoß für theologische Überlegungen und deren praktische Folgerungen verwenden. Ein solcher Pragmatismus ersetzt aber die theologischen Überlegungen nicht. Und solche theologischen Überlegungen fangen nun einmal mit Vorüberlegungen an. Mit dieser Warnung bleibt die Frage dennoch weiterhin offen, wieweit ein einzelner nach den Regeln der Moral über die Anwendung nicht sicherer Maximen in der Praxis in Fällen, in denen kein Ärgernis, d.h. keine grundsätzliche Verachtung der ausdrücklichen kirchenamtlichen Normen, gegeben ist, doch auch schon in der Praxis von solchen Überlegungen Gebrauch machen könne, die hier fragend vorgetragen werden.

Noch auf eine andere Grenze dieser Arbeit, die mit ihrem „genus litterarium“ gegeben ist, sei ausdrücklich schon hier aufmerksam gemacht. Es wird sehr allgemein über Ämter und Sakramente geredet werden. Über Ämter ganz allgemein, ganz allgemein (wenn auch mit Beispielen) von Sakramenten und von beiden zusammen und in einem. Das scheint dem Verfasser aus der Natur solcher *Vor*überlegungen heraus berechtigt zu sein. Aber natürlich ist es klar, daß das Ergebnis, soweit ein solches überhaupt vorliegt, sehr allgemein bleibt und nicht unmittelbar auf Einzelprobleme angewendet werden kann. Die Ämter sind untereinander zu verschieden, die Ämter in den einzelnen Kirchen sind zu verschieden und werden in den einzelnen Kirchen zu verschieden verstanden, die Sakramente sind untereinander zu verschieden und zu verschieden in den einzelnen Kirchen vorhanden und gehandhabt, als daß man aus solchen sehr allgemeinen *Vor*überlegungen unmittelbare Schlüsse auf ein *einzelnes* Amt in einer Kirche oder auf ein *bestimmtes* Sakrament hin ziehen könnte. Das wird auch nicht behauptet. Wenn sich aus den ganzen Überlegungen nur ergibt, daß von

Tatsachen und Daten in der katholischen Lehre und Praxis her die Vermutung eines deutlicheren Begriffs der „Ökonomie“ denkbar ist, die eine Anerkennung von Sakramenten und Ämtern in den anderen christlichen Kirchen über das immer schon Anerkannte hinaus von einer katholischen Theologie her ermöglicht (und zwar vielleicht ohne das Wort „Ökonomie“ zu verwenden), dann hätte diese Studie ihre Absicht erreicht.

II
Das Wesensrecht der Kirche als Grundlage der hierarchischen Struktur der Kirche

1. Erste Vorüberlegungen

Eine kleine Geschichte zuvor. Vor vielen Jahren sagte mir einmal einer der bedeutendsten evangelischen Theologen in Deutschland: Stellen Sie sich doch mal vor, ein paar nach Sibirien verbannte Christen würden dort einsam und ohne einen (nach Ihren Prinzipien geweihten) Priester leben. Und nun sagen Sie: Können diese Leute wirklich nicht miteinander das Abendmahl des Herrn feiern? Glauben Sie im Ernst, daß Gott in diesem Fall sagen wird: Ihr armen, einsamen, von aller Welt verlassenen Christen, die ihr an der Passion meines Sohnes in bitterster Weise *real* teilnehmen müßt, es tut mir schrecklich leid, aber ich kann euch nicht helfen, es gibt ein Gesetz iuris divini, wonach das Abendmahl Jesu nur mit einem ordinierten Priester als Vorsteher gefeiert werden kann; da kann ich auch nichts machen. Ich werde euch auf andere Weise segnen und euch helfen; aber es tut mir leid: eine Eucharistiefeier gibt es bei euch eben nicht. Ist das nicht (so fragte dieser Theologe) ein spezifisch katholischer Gott oder ein rabbinischer, der die Thora auf seinen Knien hat, darin liest und sich streng an sie hält? Ist das nicht Legalismus, das Gegenteil des Evangeliums? So ungefähr dieser Theologe.

Ich fühlte mich nicht sehr in die Enge getrieben. Das tut man als Theologe nicht. Ich weiß nicht mehr genau, was ich damals wirklich gesagt habe. Aber sicher hätte ich damals gesagt: Mein lieber Herr Kollege, es ist eine alte und simple Unterscheidung, die man auch in der evangelischen Theologie nicht ganz und überall vermeiden kann, die Unterscheidung der Dimension des sakramentalen Zeichens und die Dimension der durch dieses Zeichen worthaft und exhibitiv bezeichneten Gnade Gottes. Wenn Sie zum Beispiel, was Ihnen freilich schwerer als mir fällt, zugeben, daß auch ein Nichtgetaufter gerechtfertigt sein kann, dann machen Sie der Sache nach auch diese Unterscheidung, ohne daß wir beide wegen einer solchen außersakramental sich ereignenden Gnade den Sinn und die Verpflichtung des Sakramentes leugnen, so wie Petrus wußte, daß Cornelius den Geist schon hatte, und er ihn dennoch taufte. Nun aber, sehr verehrter Herr Kollege, ist dementsprechend zwischen den Bedingungen zu unterscheiden, die einen Vorgang in der Dimension des *Sakramentes* legitim machen (Sie werden in der Wüste ohne Wasser auch nicht mit Sand taufen oder, wenn Sie es dennoch täten, die Wassertaufe, sobald möglich, nachholen) und den Bedingungen, unter denen die *Gnade* als solche selbst, die normalerweise (auch) durch das Sakrament gegeben wird, zustande kommt, sich ereignet, und zwar eben unter Umständen auch ohne das legitime sakramentale Zeichen. Diese beiden Bedingungen sind nicht von derselben Art, und so können die ersten nicht gegeben sein und die zweiten doch und so die Gnade des Sakraments (die res sacramenti) gegeben werden.

Und eben dies weiß das Ihnen so verdächtige Trienter Konzil bezüglich der Eucharistie. Es kennt die „geistliche Kommunion" (es gibt darüber ein ganzes Buch von R. Schlette). In ihr wird nicht bloß unwirksam gewünscht, man möchte den Leib Christi empfangen, sondern man erhält jene pneumatische Wirkung der innersten Einigung mit dem erhöhten Herrn, für die der leibliche Empfang des geweihten Brotes nur das Zeichen ist. Und also ist es, von Gott und den Menschen her gesehen, gar nicht so aufregend, wenn Ihre Leute da in Sibirien kein gültiges sakramentales Zeichen zustande bringen; was durch es bezeichnet und gegeben werden soll, das ereignet sich und wird bei diesen Sibiriern in aller Wahrheit empfangen. Nicht nach einer Ausrede heutiger liberalkatholischer Theologen, sondern nach dem Trienter Konzil, nach einer alten Vätertradition, die eigentlich selbstverständlich ist, wenn man Gott auch katholisch *nicht* nach Ihrer Meinung einen Gott sein läßt, der sich nun einmal selbst auch nach seinen Vorschriften richten muß. – So hätte ich damals gesagt und hätte damals sicher den Eindruck gehabt, katholische Prinzipien mit einer nichtlegalistischen Gottesvorstellung harmonisiert zu haben.

Unterdessen aber bin ich (nach meiner Meinung) noch etwas gescheiter geworden oder (vielleicht nach anderer Meinung mehr „orthodoxer“ Art) dümmer. Ich denke mir heute so: Meine Antwort ist ganz sinnvoll, wenn ein Heide ungetauft durch Glaube, Hoffnung und Liebe allein gerechtfertigt wird und dann in einer „geistlichen Kommunion“ die eucharistische Einigung mit seinem Herrn begeht. Aber da in Sibirien ist doch etwas ganz anderes gegeben: Da sind getaufte Christen, sie leben in einer Situation ihrer Existenz, zu der der ausdrückliche christliche Glaube, die Schrift, die Bezogenheit auf die Kirche als den Leib Christi als geschichtliche Greifbarkeit gesellschaftlicher Art gehören, sie sprechen die Worte des Gedächtnisses des Todes des Herrn, sie haben eine gemeinsame Feier in Gebet und christlicher Liebe. Und *so* empfangen sie – auf jeden Fall – die res sacramenti der Eucharistie. Und was sie feiernd tun, hat eine Beziehung auf diese res sacramenti, und diese res sacramenti hat eine Beziehung auf die konkrete kirchliche Zeichenhaftigkeit, die sie setzen, und somit auf diese Sibirier, die hier am Ort Kirche sind (mindestens einmal so wie eine Hauskirche im Neuen Testament). Und jetzt frage ich mich: Wo ist denn da noch ein Unterschied zu einer gültigen Eucharistiefeier? Man kann natürlich immer noch sagen: Das *Zeichen* der gnadenhaften Wirklichkeit ist nicht im streng *sakramentalen* Sinn gültig; vielleicht würde ein „orthodoxer“ Theologe sagen, es sei ein Zeichen da, aber dieses wirke nur ex opere operantis, nicht ex opere operato. Aber was bedeutet denn real und ehrlich diese Unterscheidung in *diesem* Fall, wenn das, was hier zeichenhaft geschieht, eben doch in der Kirche geschieht, deren eschatologisch siegreiche und unaufhebbare Wirklichkeit einem Zeichen, das durch sie und in ihr mit einem letzten Engagement gesetzt wird, diesem Zeichen *das* mitgibt, was mit dem dunklen Wort „opus operatum“ gemeint und doch an die subjektive „Intention“ der Sakramentensetzung und an Glaube, Hoffnung und Liebe des Sakramentenempfängers gebunden ist? Warum ist dieses sibirische Zeichen kein opus operatum, wenn es doch in der Kirche nach dem Willen Christi gesetzt wird? Wenn diese konkrete Feier das Geschehen ist, durch das und unter dem die „geistliche Kommunion“ dieser Leute geschieht und das somit die res sacramenti bringt, weshalb dürfte ich nicht sagen, daß dieses Zeichen diese res sacramenti bewirkt? Ist dieses Wort der eucharistischen Danksagung hier nicht exhibitiv? Warum nicht? Und wenn einer sagt: ja, dieses Feierwort bringe zwar die pneumatische Einigung mit dem erhöhten Herrn, aber nicht seine eigentümliche „Realpräsenz", wie sie in der gültigen Eucharistiefeier bewirkt wird, dann wäre doch zu sagen: Diese Realpräsenz ist doch nur wichtig und bedeutungsvoll, *insofern* sie (selbst noch in der Dimension des Zeichens, nicht der res sacramenti) die pneumatische Einigung mit Christus mit sich bringt. Ohne diesen Bezug und diese Wirkung wäre die Realpräsenz auch nicht mehr, als wenn z.B. ein Judas neben dem Herrn beim Abendmahl sitzt. Wenn aber das Größere auf jeden Fall sich ereignet, warum darf sich hier unter *diesen* konkreten Umständen nicht auch das Kleinere des Zeichens, die „Realpräsenz", ereignen? Weil für dieses (zugegebenermaßen) Kleinere die nötigen Bedingungen nicht gegeben sind? Aber woher weiß man das für *diesen* Fall so genau und sicher? Wird nicht vorausgesetzt, was gerade doch erst bewiesen werden müßte, daß in *allen* denkbaren Fällen, auch in extremen Notfällen, *jene* Bedingungen für das Zustandekommen des gültigen Zeichens erforderlich sind, die für den normalen Fall ganz mit Recht gelten? Wenn man nur das unter normalen Bedingungen und unter normalen Formalitäten gesetzte Zeichen Sakrament nennen will, gut so, in Gottes Namen. Aber worin unterscheiden sich die einen und die anderen Zeichen denn in der Sache selbst? Auf diese Frage kann man dann keine mir greifbare andere Antwort geben, als die, daß das sibirische Zeichen natürlich mit dem Willen begleitet sein muß, des Todes des Herrn unter normalen Umständen so zu gedenken, wie es dem Willen der Kirche entspricht, der als Wille Christi verstanden werden darf, also mit einem ordinierten Priester, und daß, wo dieser Wille nicht gegeben wäre, die Gesinnung der Feiernden nicht vorhanden wäre, die zu einem wahren Abendmahl erforderlich ist. Kann man mehr an Unterschied angeben, ohne Begriffsklauberei zu betreiben, als diesen Unterschied, wenn doch in beiden Fällen eigentlich ein Zeichen der Wirklichkeit und die Wirklichkeit selbst gegeben sind?

Nochmals: man vergesse nicht, die „physische" Gegenwart, die einer nur bei einer normalen Konsekration durch einen ordinierten Priester zugeben will, gehört noch in die Dimension des Zeichens. Es wird also in der Dimension des Zeichens gar nicht jeder Unterschied geleugnet. Aber es ist ein Unterschied, der in keinem der beiden Fälle die sakramentale Wirklichkeit, die res sacramenti, aufhebt. Und ein Unterschied, der doch, wenn man nicht Wortklauberei aus einem klerikalen Eigensinn machen will, nur darin besteht, daß das eine Zeichen den kirchlichen (sinnvollen) *Normal*fall darstellt und das andere einen außerordentlichen, der aber durch Gott verfügt ist, den Willen zum Normalfall einschließt und die res sacramenti mitbringt. – Wird man einem normalen Christenmenschen begreiflich machen, daß mehr an Unterschied vorliegt? Wird er Unterschiede, wie opus operantis – opus operatum, bloß geistliche Kommunion unter einem wahrhaft christlich-kirchlichen Zeichen und sakramentale Kommunion unter einem Zeichen, dem allein der Name Sakrament vorbehalten wird, würdigen, „realisieren" können? Ich glaube nicht. Ist aber etwas, worauf die Theologen insistieren, um die normale kirchliche Gestalt pflichtmäßiger Art zu verteidigen, was aber ein Normalchrist nicht mehr realisieren kann, so wichtig, daß man der sibirischen Eucharistiefeier, deren Sinn und Bedeutung man wahrhaft deutlich machen muß, das Wort Sakrament verweigern muß, bloß um den Unterschied zwischen beiden Zeichen zu unterstreichen, den ja niemand leugnen muß und will? Läßt man da nicht Gott, der eine inkarnatorische, geschichtliche, worthafte, gesellschaftliche Ordnung der wirksamen Gnade gewollt hat und nicht nur eine auch „ohne" mögliche Gnade, über seine eigenen Normen, die er doch für *uns* und nicht für sich gegeben hat, stolpern? Und, das ist die Hauptsache, um die es bei diesen *Fragen* (mehr nicht!) geht: Sollte man nicht darüber nachdenken, warum und *wie* ein solches Zeichen im außergewöhnlichen Fall (dessen Außergewöhnlichkeit natürlich wieder die verschiedensten Weisen haben kann) seine sakramentale Würde und Kraft haben kann? Das ist es, worum es im folgenden gehen soll, nachdem wir bisher nur ein kleines Geschichtchen erzählt haben.

Es sollen hier also einige *Vor*überlegungen zur augenblicklichen Kontroverse über die Möglichkeit der gegenseitigen Anerkennung der Ämter in den großen christlichen Kirchen vorgetragen werden. Die durch das Buch der Ökumenischen Institute an deutschen Universitäten über das Amt in der Kirche und durch die Gegenerklärung der Glaubenskommission der Deutschen Bischofskonferenz hervorgerufene Kontroverse darf hier als bekannt vorausgesetzt werden. Zu dieser Frage sollen hier nicht *solche* Argumente vorgetragen werden, die in einer Prüfung der beiderseitigen Argumente unmittelbar auf den Sachkern der Kontroverse zielen und so – wenigstens der Absicht nach – die Kontroverse entscheiden könnten. Wäre eine solche Absicht hier am Werk, dann müßte mehr an historischem Material und an Prüfung kirchenlehramtlicher Aussagen aufgearbeitet werden, als es in einer so kurzen und bescheidenen Überlegung möglich ist. Da aber jeder nach seinem Belieben sein Thema wählen darf, sollen einige relativ harmlose Vorüberlegungen versucht werden, die vielleicht geeignet sind, zu einer gewissen Auflockerung der Denkgewohnheiten zu führen, die mindestens bei den Verteidigern der „strengeren" Ansicht (aber wohl nicht nur bei ihnen) in dieser Kontroverse gegeben zu sein scheinen und auch mehr oder weniger in der jüngsten Erklärung der römischen Glaubenskongregation „Mysterium Ecclesiae" vom 24. 6. 73 gegeben sind oder (bei vorsichtigerer Interpretation des Textes) durchscheinen.

Wenn man die sehr kurz gehaltene Erklärung der deutschen Glaubenskommission bedenkt, so scheint ihre Ablehnung des Buches der ökumenischen Institute durch einen doppelten Hinweis begründet: Über die rechtliche Verfassung der Kirche und damit über die Ämter und ihre Weitergabe in der Zeit des Neuen Testamentes wisse man zu wenig Genaues, als daß man von daher sichere theologische Schlußfolgerungen für die heutige Frage gewinnen könne. Und umgekehrt werde in dem Buch der ökumenischen Institute die spätere explizite und eindeutige Glaubensüberzeugung der römisch-katholischen Kirche über das Amt (und so die Verfassung der Kirche überhaupt) unterbewertet, von welcher Glaubensüberzeugung – das ist offenbar gemeint – die in diesem Buch vorgetragene Theorie eindeutig abgelehnt werde. Nun kann man zwar an sich einer solchen offiziösen Erklärung das Recht zubilligen, kurz zu sein und Ausführlicheres und Genaueres zur Frage den Theologen zu überlassen. Aber man kann auch unter dieser Voraussetzung diese Erklärung immer noch als *zu* kurz und *zu* einfach halten. Man kann zunächst den Eindruck haben, daß sie gar zu beruhigt von dem (wirklichen oder vermeintlichen) heutigen theologischen Besitzstand ausgeht und diesen als dogmatisch schlechthin verbindlich erachtet. Von *da aus* empfindet dann die Erklärung das Undeutliche des Neuen Testamentes bezüglich der Ämterlehre als schlichte und unproblematische Erlaubnis, sich dezidiert an den heutigen theologischen Besitzstand zu halten, ohne sich zu fragen, ob nicht diese Unsicherheit und Undeutlichkeit im Neuen Testament und in der apostolischen Zeit als solche selbst vielleicht auch eine *positive* Bedeutung haben könne. Vor diesem theologischen Positivismus kommt dann auch die Frage nicht mehr auf, *wie* man sich das ursprüngliche Geoffenbartwerden der Lehre zu denken habe, die man von dem jetzigen (wirklichen oder vermeintlichen) Glaubensverständnis her für verbindlich erachtet, eine Frage, die vom Theologen zu stellen und zu beantworten ist, selbst unter der Voraussetzung, daß das heute gegebene, entwickeltere *Glaubens*verständnis verbindlich ist. Diese Frage aber ist doch offenbar in unserem Fall nicht leicht zu beantworten, da die Erklärung der Kommission ja selbst für das Neue Testament eine beträchtliche Unsicherheit feststellt und man sich doch bei dem Versuch einer Beantwortung dieser Frage nicht zu schnell und zu billig darauf hinausreden darf, daß die Kirche in ihrem Lehramt eben viel leichter als die historisch arbeitenden Theologen in diesen unklaren und mehrdeutigen Quellen schon das Richtige entdecken könne und schon klar und vollständig entdeckt habe.

Die hier vorzutragenden Überlegungen haben somit keine andere Absicht, als sich in ein dunkles Gebiet vorzutasten, das die Schultheologie, die vielleicht auch zu sicher aus dieser Erklärung der Glaubenskommission spricht, gar nicht wahrzunehmen pflegt. Es sollen hier nicht eigentlich Thesen aufgestellt und verteidigt werden. Auch da, wo es so aussieht und sich so anhört, ist der einzige Zweck dieser Überlegungen, zur Differenzierung und Verdeutlichung des Problembewußtseins ein klein wenig beizutragen, eines Problembewußtseins, ohne das in diesen Fragen kein Fortschritt und keine Einigung unter den Kirchen erhofft werden kann.

Es sei unumwunden und ehrlich zugestanden: Der Verfasser ist der Meinung (was nicht heißt, der schlechthin festen Überzeugung), daß (um es einmal so auszudrücken) in dem Gebiet, um das es sich hier handelt, *vieles* nicht einfach durch den Willen Gottes und Christi ist und *darum* als eine dem Selbstvollzug der Kirche vorausgehende Größe von der Kirche festgestellt und anerkannt wird, sondern *ist, insofern* und *weil* es von der Kirche teils als Konsequenz ihres eigenen Wesens, teils in freier Setzung von der Kirche bestimmt worden ist und so später wieder revidiert werden kann oder (unbeschadet der früheren Freiheit der Setzung), weil in apostolischer Zeit (der Zeit der noch im

Gange seienden Offenbarung) gesetzt, irreversibel und für alle späteren Zeiten gültig bleibt.

Die Meinung, daß vieles, was in der Ämterlehre und der Sakramentenlehre von der Kirche als gültig und bleibend erklärt wird, nicht so ausgesagt wird, weil es so ist, sondern so ist, weil es in einer legitimen *Setzung* (in einer verschränkten Einheit von Theorie und Praxis, in der die Praxis nicht *bloß* die Exekution der Theorie ist) so ausgesagt wird, soll nun hier nicht eigentlich in einer strengen Argumentation „bewiesen" werden; es sollen vielmehr einem solchen möglichen „Beweis" vorausliegende Überlegungen angestellt werden, die das Problembewußtsein in dieser ganzen Frage verdeutlichen und schärfen können, damit überhaupt einmal vielleicht in einer späteren Zeit die hier eben nur angedeutete Grundmeinung „bewiesen" werden kann, wofür dann natürlich genauere bibeltheologische und dogmengeschichtliche Untersuchungen nötig wären.

Hier geht also die Fahrt ein wenig ins theologisch Blaue. Aber das schadet gar nichts. Es kann so deutlicher werden, daß auch für einen katholischen Theologen in dieser Ämterfrage das theologische Manövrierfeld viel größer ist, als man gewöhnlich denkt. Bei der hier gegebenen Absicht ist es verständlich, daß die Überlegungen bei den verschiedensten Ausgangspunkten ansetzen und ihre Konvergenz erst langsam deutlich werden kann. Wir gehen dabei (wie gesagt) von der üblichen katholischen Ekklesiologie aus. Dadurch sind viele Überlegungen bedingt und gefordert, die einem evangelischen Theologen umständlich, weit hergeholt und vielleicht sogar rabulistisch erscheinen mögen. Er kann den Eindruck haben, daß die eigentlich und letztlich angezielten Fragen viel unmittelbarer und einfacher angezielt, erreicht und beantwortet werden können – wenn er von den Voraussetzungen ausgeht, die seine sind und die er für richtig hält. Aber auch ein evangelischer Theologe sollte nicht übersehen, daß bei einem ökumenischen Brükkenbau jeder von *seinem* eigenen Ausgangspunkt aus bauen muß, soll die Hoffnung bestehen, daß die amtliche Kirche einen solchen Brükkenbau einmal akzeptieren wird. Theologische „Bewußtseinsveränderungen" lassen sich nur ermöglichen, wenn nicht einfach ein neues anderes Bewußtsein als selbstverständlich dekretiert wird, sondern wenn sie vom amtlich oder schulmäßig wirklich bestehenden Bewußtsein ausgehen und die darin immanent gegebenen Ansätze zu einer solchen

Veränderung zu aktualisieren suchen. Das gilt vor allem für die Kirche, für die eine historische Kontinuität des Bewußtseins wesensnotwendig ist.

2. *Unrückführbarkeit allen Rechtes auf Primat und Episkopat*

Ich erinnere mich noch an eine Beratung in der theologischen Kommission während des Konzils in Rom unter gelehrten Bischöfen und Theologen. Es ging um den Satz, daß das Bischofskollegium nur mit und unter dem Papst gegeben sei und nur so etwas vermöge. Alles Rechtliche in der Kirche, das gültig sein will, sei ausdrücklich und stillschweigend an diese Voraussetzung gebunden. In *jedem* Fall. Denn wenn das Bischofskollegium, das doch der höchste Rechtsträger in der Kirche ist, nur in dieser Verbindung mit dem Papst eine rechtliche Vollmacht habe, dann gelte dies doch erst recht von jedem anderen Träger einer rechtlichen Vollmacht in der Kirche mindestens bezüglich der Aktualisierung einer solchen Vollmacht.

Bei diesen Äußerungen *dachte* ich mir: Wie ist es dann eigentlich mit *dem* Rechtsvorgang, der doch eigentlich in jedem oder mindestens in einigen Sakramenten steckt, aber von jemandem gesetzt wird, der nicht unter dem Papst steht und stehen will, oder der während der Sedisvakanz handelt? Für den ersten Fall weiß ich gar keine Antwort, wenn eine explizite oder implizite Ermächtigung zu einem Rechtsakt von seiten des Papstes immer notwendig ist und allein von ihm kommen kann. Dieses erste Problem ist doch wohl auch noch nicht aus der Welt geräumt, wenn man naiv und friedlich voraussetzt, daß nach dem Willen Gottes manche *Sakramenten*spendungen eben doch unter den nötigen Voraussetzungen, zu denen aber die wenigstens stillschweigende Autorisation von seiten des Papstes *nicht* gehört, immer gültig sind. Denn so ist das Prinzip einer durchgängigen Abhängigkeit aller Rechtssetzung in der Kirche vom Papst eben doch durchbrochen. Will man sich dabei helfen mit dem Hinweis darauf, daß der Papst explizit oder stillschweigend auch Häretikern und Schismatikern eine solche Vollmacht gibt, dann kann man doch nochmals fragen, wie so etwas möglich sei. Oder fragen, wie die Sache denkerisch zu konstruieren sei, wenn eine solche Erteilung der Vollmacht an Häretiker oder

Schismatiker undenkbar ist und ihr Rechtsakt in der Sakramentenspendung doch gültig sein soll. Bei der Gültigkeit der Absolution durch orthodoxe Priester, die man bei uns heute nicht mehr leugnet, hat man über diese Frage nachzudenken begonnen. Aber ob dieses Nachdenken schon zu einem einleuchtenden und einfachen Ergebnis auf dem Boden der durchschnittlichen Schultheologie geführt hat, kann man doch noch bezweifeln. Die Aufnahme (auch eines Kindes) in die wahre Kirche mittels der Taufe durch einen Häretiker ist doch auch implizit ein sehr fundamentaler Rechtsakt. *Wie* ein Häretiker zu einem solchen Akt fähig sei, das hat schon Cyprian nicht begriffen. Und bis heute scheint mir unter den üblichen Voraussetzungen dies auch nicht verständlich zu werden. Schon an diesem Punkt kann man fragen: Gibt es eine Wirklichkeit Kirche, die ihrer (notwendigen!) Strukturierung in (auf ihre Legitimität zu befragenden!) einzelnen Ämtern *voraus*liegt und schon so unter Umständen rechtliche Akte legitimiert, auch wenn der, der sie setzt, allein gemessen an der expliziten Ämterstruktur und deren Erfordernissen, an sich dazu nicht befähigt ist? Wie soll man sonst erklären, daß ein Häretiker gültig tauft? Daß man sich für die Gültigkeit der Ketzertaufe auf eine explizite Offenbarung aus der Zeit der Apostel berufen könne, das hat schon Cyprian bestritten. Und eigentlich hat er recht. Wie erklärt man dann aber diese Gültigkeit? Muß der Spender der gültigen Ketzertaufe nicht doch auch noch in einem positiven Verhältnis zu jener rechtschaffenden und -vermittelnden Urwirklichkeit stehen, in die er doch durch die Taufspendung eingliedert, und dies, obwohl er „an sich" nicht taufen dürfte? An sich: d.h. gemessen an der Respektierung der amtlichen Strukturen, die sich diese Urwirklichkeit Kirche notwendig gibt. Für den zweiten Fall (Sakramentenspendungen als rechtliche Akte während der Sedisvakanz) *fragte* ich mich: Ist solche Sakramentenspendung möglich wegen eines Weitergeltens einer rechtlichen Verfügung (expliziter oder impliziter Art) des verstorbenen Papstes? Aber welche existentialontologischen und ekklesiologischen Voraussetzungen sind in diesem Fall zu machen, damit der Wille eines Papstes nach seinem Tod rechtlich existiert und bindet? Ist da schon alles erklärt durch den Hinweis, daß Gesetze in einer Gesellschaft gelten und gelten müssen, auch wenn die physische Person, die sie gegründet hat, nicht mehr unter den Lebenden ist? Bedeutet diese Auskunft im Grunde nicht gerade die Existenz einer rechtschaffenden oder (wenn man will) rechttragenden Gemeinschaft, die auch noch gegeben ist, wenn die physische Person, die normalerweise solche Rechtssetzungen vornimmt und trägt, im Augenblick nicht vorhanden ist? Wie muß man aber dann die Kirche denken, wenn man diese letzte Frage zu bejahen geneigt ist? Wenn es aber ein solches rechtschaffendes und rechttragendes Wesen Kirche geben muß, um wirklich die gestellte Frage zu beantworten, ist es dann nicht denkbar, daß dieses Wesen Kirche „parakanonistisch" Recht schaffen kann für Fälle, in denen die sinnvolle und notwendige explizite Rechtssetzung nicht mehr ausreicht? Und wieder wußte ich mir keine klare Antwort.

Ich *sagte* aber dann in dieser Sitzung (schon weil ich mit der bloß gedachten Überlegung nicht recht weiterkam) laut nur: Schon recht, aber *einen* höchst bedeutsamen Rechtsakt in der Kirche, der neue Rechtsverhältnisse schafft und doch nicht vom Willen und der ausdrücklichen oder stillschweigenden Zustimmung des Papstes abhängig ist, gibt es doch: die Wahl eines neuen Papstes. Ich erinnere mich nicht, in der Kommissionssitzung zu dieser harmlosen Feststellung eine erhellende Erklärung gehört zu haben. Ich merkte nur, daß G. Philips, der große Mann in der Kommission, einigermaßen verblüfft war. Auf jeden Fall: mögen die Vollmachten eines Papstes auch nicht eigentlich auf ihn von seinen Wählern übertragen werden, mag der Wahl*modus* vom Willen des eben verstorbenen oder eines früheren Papstes verpflichtend bestimmt sein, solange nicht ein Papst selbst seinen Nachfolger bezeichnet (was Gott verhüte, obwohl diejenigen „Papalisten", die die Vollmacht des Papstes nicht unbegrenzt genug denken können, eigentlich nicht wissen, warum eine solche „Wahl" nicht auch möglich sein sollte und warum nicht einmal ein späterer Papst eine solche Wahl für opportun halten und sie darum vorzunehmen sich für berechtigt halten könne; solche extremen Papalisten könnten sich ja auf das Beispiel Felix' III. berufen, der 530 seinen Nachfolger Bonifatius II. auf diese Weise designiert hat), die Bezeichnung jedenfalls einer bestimmten Person, die und nur die (die Annahme der Wahl vorausgesetzt) Papst sein soll und Papst ist, ist ein fundamentales Rechtsgeschehen in der Kirche und geschieht ohne Papst. Nun wird der realistische Pragmatiker in der Kirche sagen: Anders geht es nicht; so ist es immer gemacht worden, was ist daran schon aufregend? Wenn dann der Papst da ist, dann ist er eben Papst und hat die Rechte, die einem solchen zukommen; Schluß. Aber „man wird doch noch fragen dürfen", um mit Hans Habe zu sprechen. Warum sollte dies einem Theologen des Rechts in der Kirche verwehrt sein?

Also: Sehen wir einmal davon ab, daß die Designation des späteren Papstes durch den früheren das Problem aus der Welt schaffen würde und man so am Ende gar noch einen solchen „Wahlmodus" als dem Geist des I. Vatikanums besser entsprechend halten könnte als den heutigen Wahlmodus, weil dann die volle, unbegrenzte Jurisdiktionsvollmacht des Papstes deutlicher in Erscheinung treten würde, sehen wir weiter davon ab, daß man fragen könnte, wie lange denn eine Papstwahl aufgeschoben werden oder andauern dürfe, und zwar aus vielleicht sinnvollen Gründen. Sehen wir davon ab, daß darüber meines Wissens nicht einmal eine positiv rechtliche Bestimmung besteht (der Termin für den *Beginn* des Konklaves ist ja etwas anderes), obwohl andere Verfassungen für ähnliche Fälle eine Zeitgrenze setzen, die auch hier sinnvoll sein könnte, wenn man an die Länge einiger Konklaven denkt. Fragen wir auch hier nicht, *warum* faktisch ein Papst seinen Nachfolger nicht designiert, obwohl vom I. Vatikanum her dies nicht unmöglich erscheint, ja sogar Gründe erdacht werden könnten, die eine solche Designation empfehlen könnten. Auf jeden Fall aber gibt es einen Träger einer sogar die ganze Kirche betreffenden, fundamental wichtigen, rechtlichen Entscheidung, der nicht der Papst ist, zu dem der Papst nicht gehört und nicht gehören kann. Woher weiß man nun eigentlich ganz genau, daß es so etwas *nur* in diesem Fall gibt und geben kann, daß so etwas für gar keinen anderen Fall „verallgemeinert" werden darf? Wäre es z. B. nicht denkbar, daß es in der Kirche ein institutionalisiertes Gremium geben könnte und institutionalisiert bei der *heutigen* profanen und kirchlichen Situation, in der ein Papst heute handeln muß, auch geben *sollte*, das eine „brüderliche" Mahnung bezüglich der Amtsführung des Papstes aussprechen kann, dazu unter Umständen eine Pflicht hat, was keineswegs mit den Prärogativen des Papstes unvereinbar wäre, ein Gremium, zu dem der Papst nicht gehören kann und das seine Entscheidung zu einer bestimmten Mahnung (die Entscheidung selbst ist ein rechtlicher Vorgang) ohne Papst trifft? Ist sicher *jedwede* Art von „Gewaltenteilung" auf höchster Ebene in der Kirche der Lehre des I. Vatikanum eindeutig zuwider? Kann sie nie opportun sein, auch wenn man (wie bei den Staaten) natürlich von vornherein einrechnen muß, daß die Träger einer solchen von der unmittelbaren Gewalt des Papstes abgesetzten Vollmacht (wie immer man sie sich denken und in manchen Fällen vielleicht doch mit den Prärogativen des Papstes für vereinbar halten kann) schließlich wieder vom Papst bestellt wären? Könnte eine solche Gewaltenteilung nicht genausogut iure humano in der Kirche denkbar sein, wie der Papst durch Konkordate eine ihm an sich zustehende Bischofsernennung mit einem weltlichen Machtträger teilt? Sind nicht in einer Partikularkirche Entscheidungen denkbar, die der Papst sicher und eindeutig dieser Partikularkirche allein (aus naturrechtlichen oder aus anderen Gründen) überlassen *muß*, weil sonst explizit oder implizit jene Eigenständigkeit einer Teilkirche aufgehoben wäre, die der Papst gar nicht abschaffen kann? Wie steht es dann mit der *Summe* solcher Partikularkirchen, die auf diese Weise Rechtens ohne den Papst, d. h. mindestens ohne einen eigentlichen Rechtsakt von seiner Seite, solche Entscheidungen treffen würden?

Und selbst wenn die Entscheidung bei der Papstwahl der einzige Akt „ohne Papst" wäre oder ist, so bleibt es eben doch dabei, daß es in der Kirche einen Träger einer höchst wichtigen Vollmacht gibt, der nicht (weder ganz noch partiell) mit dem Papst identisch ist. Auch dieser Träger dieser Vollmacht hat seine Gewalt von Gott oder – von der Kirche, insofern diese eine gott-gewollte Realität höchst spiritueller Art so ist, daß sie sich sowohl einen Papst geben muß als auch dies auch *kann*. An diesem Punkt zeigt sich nun, daß der Papst mit seiner Vollmacht – mindestens hinsichtlich der Existenz eines bestimmten Papstes und damit aber auch hinsichtlich der wirklichen Existenz seiner Vollmacht – auf einer Wirklichkeit beruht, die nicht mit ihm identisch ist, sondern ihm vorausgeht. Wenn man sich hier die Sache billig machen und antworten wollte: Diese Wirklichkeit ist der Wille Gottes oder der (in Christus selbst existierend gedachte) Stifterwille Christi, dann wäre doch zu fragen, wie und *worin* denn konkret hier auf dieser Welt bei uns dieser Wille Gottes oder Christi gegeben sei, und es wäre dann doch zu antworten: Eben in der glaubenden, vom Geist Gottes nie verlassenen Kirche, die immer – durch alle Sedisvakanzen hindurch – sich selbst immer neu zu ihrer vollen gesellschaftlichen Greifbarkeit und Öffentlichkeit hin konstituiert, aber immer schon so *ist*, daß sie dies kann, schon *vor* diesem Akt ein Rechtssubjekt ist und sich *so* ihren Papst gibt, der dann jene Prärogativen hat, die (wie schon das I. Vatikanum sagte) der *Kirche* notwendig zukommen. Man müßte somit von daher sagen: Die Kirche als ganze ist der eigentliche und ursprüngliche Träger aller Gewalten, die in ihr in den jeweiligen Trägern gegeben sind; sie ist mit ihrer ganzen Wirklichkeit an Geist und Glaube die Wirklichkeit, der Raum, in dem so etwas wie die Vollmachten ihrer Amtsträger überhaupt nur gegeben sein können. Das bedeutet nicht, daß sie diese Vollmacht auch ohne konkrete Träger für sich behalten und dauernd ausüben könnte; sie ist vielmehr von ihrem Wesen her so, daß sie zur konkreten Verwaltung ihrer Vollmachten solche konkreten Träger bestellen muß, weil das einfach von der Sache her geboten ist; das ist aber auch mindestens in *einem* Fall anders, eben in der Bestellung des obersten Trägers ihrer Vollmachten selbst, auch wenn diese Bestellung von konkreten Menschen vorgenommen werden muß, von denen man aber nicht einmal iure divino sagen kann, welche es sind. Aber darum muß die Kirche so gedacht werden, daß verständlich wird, daß sie dies *kann*. Das bedeutet aber: Es gibt ein Rechtssubjekt Kirche, das mindestens in den Fällen, in denen eine institutionalisierte Trägerschaft iuris divini nicht denkbar ist (oder, können wir hinzufügen, nicht wirksam sein kann), in Aktion treten kann.

Wie kann man – ein weiteres Beispiel –, ohne zu Ausflüchten zu greifen, ohne unsere Annahme die Vorgänge zur Behebung des Schismas auf dem Konstanzer Konzil ehrlich deuten? War die Gültigkeit der Papstwahl Martins V. nach dem „Rücktritt“ seines Vorgängers von dem strikten Nachweis der Freiwilligkeit dieses Rücktritts abhängig, oder genügt die Tatsache, daß dieser Nachfolger allgemein anerkannt wurde? Welche Qualität eines Rechtsträgers aber muß der Kirche im voraus zum konkreten Träger der päpstlichen Vollmachten in der zweiten Annahme zuerkannt werden? Während des Gnadenstreites haben spanische Jesuiten sehr zum Ärger des damaligen Papstes die Frage diskutiert, ob es zum Glauben gehöre, daß der augenblickliche Papst legitimer Papst sei. Ob man diese Frage so oder anders beantwortet, jedenfalls ist die Überzeugung von der Legitimität eines bestimmten Papstes für das Gewissen eines normalen Katholiken in der unbestrittenen Anerkanntheit dieses Papstes durch die katholische

Kirche begründet. Und wenn die klassische Theologie erklärt, daß ein Papst Häretiker werden könne und dann von selbst aufhöre, Papst zu sein, wie soll das Nichtvorhandensein dieser (öffentlichen) Häresie anders mit genügender Sicherheit festgestellt werden, als durch den Umstand, daß die Kirche an ihrem Papst eine solche Häresie nicht erkennt? Hat also die legitime Existenz eines Papstes nicht Voraussetzungen, die von der Kirche im Unterschied zu ihm getragen werden, selbst wenn man in diesen letzten Fällen nicht geneigt sein sollte, in diesem Getragensein des Papstes durch die Kirche einen eigentlich rechtlichen Akt zu erkennen?

Wie begriffsstutzig in dieser Sache Theologen und Kanonisten sein können, kann man sich noch an folgender Beobachtung klarmachen. Vermeersch sagt: Wenn ein Papst in eine notorische Häresie falle, dann höre er ipso facto auf, Papst zu sein; dabei sei eine sententia declaratoria bezüglich dieser notorischen Häresie nicht nötig, weil unmöglich, da ein Papst von niemandem gerichtet werden könne (nach CIC can. 1556). Nun, natürlich hört ein solcher Häretiker ipso facto auf, Papst zu sein. Aber warum soll es keine sententia declaratoria darüber geben können? Der, gegen den sie sich richtet, ist ja gar nicht mehr Papst, auf ihn hat also der can. 1556 gar keine Anwendung. Und vor allem: Warum sollte es in der Kirche keinen Träger für eine solche Erklärung rechtskräftiger Art geben? Weil zu dieser Zeit kein Papst existiere? Weil ein solcher Träger nicht angebbar sei? Aber es kann doch einen viel rechtsmächtigeren Akt geben: die Papstwahl selbst. Also gibt es auch seinen Träger, gleichgültig, ob man das Kardinalskollegium einfach als solches ohne weitere Begründung als solchen Träger beider Akte (einer solchen Erklärung und der Papstwahl) ansieht oder ob man (bei einer tieferen Ekklesiologie) dieses Kardinalskollegium als Repräsentanten des Bischofskollegiums iuris divini (im Unterschied vom Kardinalskollegium, wohlgemerkt) betrachtet, das also der letzte Träger iuris divini jetzt schon von mindestens zwei Akten ist (iuris divini), wenn es auch die Papstwahl auch wenigstens iure humano durch das Kardinalskollegium vornehmen muß.

Von da aus aber könnte man sich nun auch ferner fragen, ob die Kirche wirklich grundsätzlich und wesensnotwendig als einen solchen Träger ihrer Vollmacht immer nur einen einzelnen bestellen kann oder unter Umständen auch eine kleine Gruppe („synodal“) zu einem solchen Träger machen könnte, die natürlich eben jene Vollmacht tragen würde, die das I. Vatikanum der einzelnen Person des Papstes zuerkennt. Weil wir seit dem Beginn des zweiten Jahrhunderts in der ganzen Kirche bei den einzelnen Gemeinden nur den je einen Bischof als Träger der Gemeindeleitung kennen und darum diese Verfassung auch in Rom haben, ist uns eine solche Frage gar nicht geläufig, obwohl man ja schon von der Existenz des Apostelkollegiums her und von anderen sehr frühen presbyteralen Gemeindeverfassungen her sich denken könnte, daß auch die Leitung der einzelnen Gemeinde ein Abbild des Apostelkollegiums darstellen könnte und so synodal verfaßt wäre. Man führt heute die Vollmacht eines einzelnen Bischofs nicht mehr auf einen einzelnen Apostel zurück. Wenn man also heute das Bischofskollegium auf das Apostelkollegium zurückführt und in diesem für das Bischofskollegium und darin für den einzelnen Bischof die Vollmachten der Bischöfe begründet sieht, dann wäre an sich der Gedanke nicht von vornherein abwegig, daß auch die einzelne Bischofskirche nach dem Vorbild des Kollegiums der Apostel konstruiert würde.

Klar ist zunächst auf jeden Fall, daß zwei Fragen zu unterscheiden sind: die Frage nach dem Inhalt einer Vollmacht und die Frage nach dem (individuellen oder kollektiven) Träger dieser Vollmacht. Ich sehe nicht ein, daß die Lehre der Kirche (z. B. im II. Vatikanum) über das Wesen des Bischofsamtes schon geleugnet sei, wenn man annähme, diese bischöfliche Vollmacht sei von einem kleinen Kollektiv getragen. Gab es einmal geschichtlich eine Häresie, die einerseits explizit verworfen wurde und die anderseits bei voller Anerkennung des Inhalts und der Herkunft der bischöflichen oder päpstlichen Vollmacht *nur* lehrte, daß der *Träger* einer solchen Vollmacht auch kollegial gedacht werden könne? Eine solche Häresie ist mir nicht bekannt. Aber ist dann eine solche Lehre „häretisch"? Genügt es zu einer solchen Qualifikation, daß man bisher, d.h. ungefähr seit dem Beginn des 2. Jahrhunderts, den Träger solcher Vollmachten immer „monarchisch" gedacht hat? Kann man sicher sagen, daß eine Bezweiflung oder Leugnung eines notwendig „monarchischen" Trägers des Primats oder Episkopats vom ordentlichen Lehramt her als häretisch zu qualifizieren sei? Gibt es nicht viele Beispiele von Lehren, die durch Jahrhunderte hindurch ohne jeden Zweifel in einer ganz bestimmten Weise aufgefaßt wurden, deren verpflichtender Sinn *jetzt* ohne diese „Weise" gedacht werden muß und darf (z. B. Erbsünde mit oder ohne Monogenismus)? Daß das II. Vatikanum bei der Lehre über das Bischofs*amt* immer nur und selbstverständlich an einen „monarchischen" Bischof denkt, scheint mir auch noch nicht eindeutig zu beweisen, daß eine „presbyteriale" Trägerschaft des Bischofsamts mit seinem Wesen unvereinbar sei, wenn dann natürlich auch sich die Frage melden würde, wie man sich rechtliche Struktur und Funktion eines solchen kollegialen Trägers des Bischofsamtes genauer zu denken habe, ganz abgesehen von der weiteren Frage, ob so etwas jemals wieder „opportun" werden und so Strukturen in der Kirche gegeben sein könnten, die mindestens potential in der neutestamentlichen Zeit doch offenbar auch gegeben gewesen sind. Jedenfalls aber kann man nicht sagen, daß das dogmatisch-katholische Verfassungsrecht der Kirche von vornherein und immer einen kollektiven Träger von Vollmachten als wesenswidrig von sich abweise. Dieses Verfassungsrecht kennt unbefangen und eindeutig einen solchen kollektiven Träger: das Bischofskollegium. Gewiß: mit und unter dem Papst. (Nebenbei: „unter" kann man eigentlich nur sehr ungenau sagen; denn wenn man „unter" sagt, denkt man an die Gesamtzahl der einzelnen Bischöfe mit Ausnahme des Papstes; aber eben diese Gesamtzahl minus Papst ist gar nicht das Bischofskollegium.) Aber *es*, das nicht ein Beratungsgremium aus den höchsten Beamten der Kirche um den Papst herum ist, ist als solches selbst der kollektive Träger der höchsten Gewalt in der Kirche, auch wenn dieser Träger noch einmal selber eine Struktur hat.

Wenn es also einen kollektiven Träger von Vollmachten in der Kirche auch nach katholischem Kirchenverfassungsrecht gibt und also geben kann, wie wollte man eindeutig und sicher beweisen, daß es nach diesem Verfassungsrecht iuris divini so etwas *nur* in den Fällen geben *kann*, in denen es dies heute faktisch gibt, daß es also z. B. ein presbyterales Kollegium zur Leitung einer Einzelgemeinde grundsätzlich nicht geben *könne*, daß der Träger der obersten, „päpstlichen" Kirchenleitung nur ein einzelner sein *könne*? Wenn wir andere solche kollegiale Träger kirchlicher Vollmachten hätten, dann würde natürlich die Schwierigkeit auftreten, wie ein solches Gremium genauer zu strukturieren sei, damit es handlungsfähig ist. Aber diese Schwierigkeit wäre nicht größer als die Schwierigkeit, die auf jeden Fall gegeben (und bis heute noch nicht mit überzeugender Klarheit gelöst) ist: im Bischofskollegium nämlich und in seinem Verhältnis zum Papst. Wenn man auf diesen Hinweis entgegnen würde, in diesem Fall habe eben doch einer die volle Vollmacht auch als solcher allein, man würde also im Fall eines presbyteralen Kollegiums, wenn man es nach dem Bischofskollegium entwerfen würde, doch wieder an der Spitze einen Bischof von der heutigen Art haben, dann wäre zu sagen: einmal könnte der erste in einem solchen Kollegium in *unserem* Fall ruhig primus inter pares sein, und zweitens: wenn dieses Kollegium eine Spitze hätte, wie ein bisheriger Bischof, der auch allein die Macht des Kollegiums innehat, dann müßte auch so etwas nicht sinnlos sein. Denn es ist offenbar nach dogmatisch-katholischer Lehre beim Bischofskollegium nicht sinnlos, auch wenn eigentlich noch niemand wirklich deutlich genug gezeigt hat, wie es eine auch nur partiell *doppelte* Spitze der Kirche geben könne, außer man nimmt an, daß der Papst, auch wenn er allein handelt, eben doch *als* Repräsentant des ganzen Kollegiums handelt. Aber dann entsteht doch mindestens wieder die Frage, in welcher Weise der Papst bei seinen eigenen Entscheidungen vorangehen müsse, damit man sinnvoll sagen kann, er handle immer *als* Repräsentant des Bischofskollegiums, auch wenn er dies nicht nur dann kann, wenn er in einer rechtlich fixierten Weise die Zustimmung des Kollegiums zur Gültigkeit seines Handelns hat. Fragen, die sicher noch sehr dunkel sind.

3. Das Wesensrecht der Kirche und seine geschichtlichen Verwirklichungen

Wenn man eindeutig behaupten und beweisen wollte, daß absolut sicher Episkopat und Primat nur „monarchisch“ gedacht werden dürfen, wären doch wohl folgende, selbst wieder problematische Voraussetzungen zu machen: Man müßte *entweder* voraussetzen, daß die am Ende der apostolischen Zeit gegebene Struktur der Kirche mit *allen* ihren Faktizitäten iuris divini und darum unveränderlich sei. Aber wie will man das beweisen? Kann man im Ernst bei einer nicht-mythologischen Vorstellung der konkreten Weise des Ergehens der Offenbarung und der Stiftung der Kirche sich vorstellen, daß es wirklich explizit geoffenbart worden sei, daß alle diese Faktizitäten, deren Existenz sich doch einfach durch die kulturellen und gesellschaftlichen Gegebenheiten der Umwelt der werdenden Kirche erklären, vom Stifterwillen Jesu bezüglich der Kirche her notwendig so bleiben müssen oder daß ein Apostel dies erklärt habe (wenn man einen solchen Apostel unter einem formalen Aspekt als primären Offenbarungsträger mit Jesus gleichberechtigt auffaßt, was traditionell geschieht, ohne daß dies verständlich gemacht wird)? Wollte man auf diese Weise die genannte Voraussetzung verständlich machen, kommt man in mythologische Vorstellungen über Offenbarung hinein, die einem heute nicht zugemutet werden sollten. Man könnte dann überdies ebensogut die Gegenfrage stellen, woher man denn aus der Offenbarung wisse, daß das *Bischofs*kollegium die Vollmacht habe, die ihm das II. Vatikanum zuerkennt. Genügt für einen solchen Beweis das, was Jesus den Zwölfen gesagt hat? Ist das Argument aus der konziliaren Praxis der alten Kirche zwingend? Wie ist denn die ursprüngliche Offenbarung dieser Lehre zu denken, damit sie als historisch wahrscheinlich erachtet werden kann? Kommt man da ohne die Annahme aus, daß die Kirche (die in ihrem ursprünglichsten Wesen als Glaubensgemeinde um den Auferstandenen als dem unüberwindlich *siegreich* eschatologischen Ereignis herum immer in einem ganz ursprünglichen Sinn Wahrheits- und Rechtssubjekt ist) in einem geschichtlichen Prozeß sich so verstanden hat und dieses geschichtlich sich setzende und zu sich kommende Selbstverständnis zugleich Werden der *Sache* selbst wie ihr Bewußtsein (= Offenbarung) ist und beides vom ursprünglichen Wesen der Kirche her sein kann? Damit aber kommen wir von selbst zur zweiten Möglichkeit, die überlegt werden muß.

Man kann zur Beantwortung unseres Problems von der Voraussetzung ausgehen, daß es im Werden der Kirche eine Entwicklung gibt, die zwar anders *hätte* verlaufen können (soweit man von den historischen Anfängen her solche Möglichkeiten beurteilen kann), die aber faktisch *irreversibel* so verlaufen *ist*, so daß ein solches Ergebnis (während der apostolischen Zeit, die schon wegen der Entstehung der kanonischen Schriften nicht zu kurz gedacht werden darf) immer noch in diesem Sinn als iuris divini verstanden werden kann. Ich habe die Theorie einer grundsätzlichen Möglichkeit eines (auch) *solchen* „ius divinum“ schon vor langer Zeit entwickelt. Ich meine, daß man in Fragen der Kirchenverfassung auch heute mit einer solchen Theorie rechnen sollte, weil sie noch am verständlichsten erklärt, wie man u. U. etwas an der Verfassung der Kirche als ius divinum erklären kann, obwohl man zur Zeit der Apostel, d. h. in der Zeit des Neuen Testaments, nur schwer oder gar nicht feststellen kann, daß nur dieses und keine Alternative dazu als Strukturelement der Kirche sowohl gegeben gewesen ist als auch als unveränderlich betrachtet wurde. Aber in dem Zusammenhang *hier* ist doch zweierlei zu dieser Theorie bzw. zu ihrer Verwendung bei der hier und jetzt anstehenden Frage wenigstens ganz kurz anzumerken:

Man sieht 1. bei dieser Theorie, deren Kenntnis ich hier voraussetze, nicht recht ein, warum ein so verstandenes ius divinum sich *nur* in der *apostolischen* Zeit bilden könne, während doch wohl die meisten Theologen – warum eigentlich? – daran festhalten werden, daß, was ius divinum sein soll, geoffenbart und darum schon, wenigstens implizit, in der apostolischen Zeit oder an deren Ende gegeben gewesen sein müsse. Warum sollte nicht ein geschichtliches Gebilde auch in späterer Zeit und nicht bloß in seinen Anfängen irreversible Entscheidungen hinsichtlich seiner Gestalt und seiner weiteren Entwicklung treffen können (aus dem Wesen einer wirklich geschichtlichen, also letztlich einbahnigen Wirklichkeit heraus)? Warum sollte dies nicht auch bei der Kirche denkbar sein? Warum sollte man nicht auch solche späteren, wesensgemäßen Entscheidungen der Kirche nicht auch als ius divinum betrachten können, wenn sie wesensgemäß und irreversibel sind, was gewiß nicht bei allen geschichtlichen Entscheidungen der Kirche zutrifft, aber doch zutreffen *kann* und vielleicht bei einigen tatsächlich zutrifft?

Es wäre 2. nachzuweisen und nicht vorauszusetzen, daß gerade der „monarchische" Charakter des Trägers des Bischofs- und Papstamtes sicher *als* geoffenbartes ius divinum in der Kirche gegeben ist und darum dann die genannte Theorie, weil die Voraussetzung am besten deutend, auf *dieses* ius divinum anzuwenden sei. Aber ist diese Überzeugung wirklich deutlich gegeben, oder meint man es nur, weil man mit der Beschreibung des betreffenden Amtes von dogmatischer Verpflichtung auch schon denjenigen Träger des Amtes dogmatisch mitfestgelegt wähnt, den man gewohnt ist, den zu verändern gewiß nicht opportun ist? Ist es nicht so, wie in dem Fall, in dem man den obersten einen Leiter der Kirche mit seinen Prärogativen wie selbstverständlich als *Römischen* Bischof beschreibt, obwohl es doch dogmatisch gar nicht sicher ist, daß der Träger des obersten Amtes in der Kirche für alle Zeiten gerade der Bischof von Rom ist, wobei die Frage ganz offenbleiben kann, von wem und unter welchen unvorhersehbaren Umständen eine Änderung in dieser Sache legitim vorgenommen werden kann.

Es ist eben doch ziemlich vieles noch dunkel in der dogmatischen Lehre von der Verfassung der Kirche, wenn man nicht alles, was faktisch ist, sofort als schon unbedingt Seinmüssendes empfindet oder meint, die Unterscheidung zwischen ius divinum und ius humanum in der faktischen Verfassung der Kirche ohne deutlich reflektierte Kriterien vornehmen zu können, oder der stillschweigenden Überzeugung ist, so ungefähr alles, was in einem unreflektierten Empfinden in der heutigen Kirche als immer bleibend gedacht wird, sei von daher schon endgültige Glaubensüberzeugung der Kirche oder ein Dogma vom ordentlichen Lehramt her. So kann man aber nicht denken, weil man einerseits weiß, daß diese konkrete Verfassung der Kirche geworden ist und dazu auch ihre Zeit gebraucht hat, und weil anderseits die *ursprünglichste* Offenbarung des Christentums als solchen in der Erfahrung Jesu als des Gekreuzigten und Auferstandenen und somit des absoluten Heilbringers und in sonst nichts besteht. Was könnte denn sonst die ursprüngliche christliche Offenbarung sein? Wenn gesagt wird, Jesus habe die Kirche gegründet, er habe die Sakramente gestiftet, so müssen solche Sätze doch so verstanden werden (sollen sie nicht ihre historische Wahrscheinlichkeit verlieren), daß in dem, als was Jesus durch den Glauben erfahren wird, was er selber ist und sein will, Kirche und Sakramente gegeben und so von ihm gewollt sind. Es ist damit natürlich nicht geleugnet, daß historisch im Leben Jesu dieses und jenes greifbar gegeben ist (Abendmahl, Jüngerkreis, Taufe Jesu usw.), was auf spätere kirchliche Wirklichkeiten vorausweist und die Rechtmäßigkeit der späteren Entwicklung beglaubigt. Aber diese Zusammenhänge haben doch *zunächst* nur ein historisches Gewicht; was Jesus historisch vielleicht explizit angeordnet hat, kann doch nur als für immer gültig und verpflichtend erkannt werden, weil und insofern diese Wirklichkeiten und Zusammenhänge getragen sind durch einen ursprünglicheren und einfachen, globalen Zusammenhang zwischen Jesus als dem endgültigen Heilbringer und der Glaubensgemeinde (= Kirche), die Jesus als solchen Heilbringer bekennt und in geschichtlich nachweisbarer und legitimer Weise von ihm herkommt und eben dadurch selbst „dogmatisch“ legitimiert ist.

Es ist eigentlich merkwürdig: die Schultradition der Kirche kennt ein „Naturrecht“, das dem positiven Recht vorausliegt, gleichgültig, wie man das Wesen dieses Naturrechtes, seine Analogheit gegenüber dem positiven Recht und sein Verhältnis zu diesem genauer verstehen mag. Es gibt jedenfalls ein solches Recht, es ist mit der Natur des Menschen gegeben, es kann „angewendet“ werden usw. Warum kennt man nicht analog zu diesem Naturrecht ein Recht, das aus dem Wesen der Kirche erfließt und mit ihm gegeben ist? Dieses einfache „Wesensrecht“ der Kirche darf nicht einfach identifiziert werden mit dem ius divinum der Kirche. Denn dieses wird doch analog zum positiven Recht konzipiert als satzhafte Normen, die einfach als von dem der Kirche äußerlich gedachten Willen Gottes (und Christi) herkommen und als solche Sätze geoffenbart werden. Das „positive“ (profane) Recht und das üblicherweise verstandene „ius divinum“ der Kirche bestehen beidemal in Sätzen als ihrer ersten Wirklichkeit; nur die Setzer dieser Sätze sind verschieden. Das hier gemeinte Wesensrecht der Kirche kann zwar grundsätzlich auch in Sätzen objektiviert werden. Es mag hier auch die Frage dahingestellt bleiben, inwieweit das ius divinum durchaus als Formulierung dieses Wesensrechts der Kirche gedacht und nicht bloß in der eben angedeuteten extrinsezistischen Weise verstanden werden darf. Aber es gibt auf jeden Fall ein solches Wesensrecht, weil es im voraus zu den Sätzen des ius divinum (wenigstens in dessen üblichem Verständnis) eine Wirklichkeit Kirche gibt: eine letzte Einheit von Welt, Menschheit und Geschichte; eine Selbstmitteilung Gottes in seinem Geist an die Welt, durch die er sich für diese Einheit zur innersten Entelechie und zum absoluten und erreichbaren Ziel macht; der Gekreuzigte und Auferstandene, in dem diese eschatologisch siegreiche Selbstmitteilung Gottes geschichtlich irreversibel wird und als solche erscheint; die darum notwendig und endgültig um diesen Gekreuzigten und Auferstandenen in seinem Geist versammelte Glaubensgemeinde, die diesen Sieg bezeugt und immer geschichtlich anwesend sein läßt usw. Dadurch ist ein reales „Wesen“ gegeben, aus dem ein Wesensrecht erfließt. Vieles, was in dem ausdrücklichen Verfassungsrecht der Kirche, dem ius divinum, steht, mag zu diesem Wesensrecht gehören und *darum* ausdrücklich formuliert sein. Aber es steht nirgends geschrieben, daß sich dieses Wesensrecht in dem erschöpft und adäquat ausgesagt wird, was die Schulekklesiologie und die explizite Lehre des Lehramtes über die Kirche aussagt. Hier in unserem Zusammenhang kommt es nun nicht darauf an, einzelne Rechtssätze in diesem Wesensrecht zu artikulieren. Wohl aber muß man sehen, daß solches Wesensrecht unter Umständen Möglichkeiten in sich birgt, supplementär zu den (notwendig und berechtigt gegebenen und nach Möglichkeit zu respektierenden) Rechtsnormen (z.B. sakramentaler Art) Recht zu schaffen, wo die expliziten Normen nicht ausreichen. Man sollte solche Möglichkeiten nicht schnell überspringen und dort, wo die normalen Normen nicht ausreichen, einfach an Gott, seine Gnade und seine Souveränität appellieren, die durch die von ihm für uns erlassenen Gesetze nicht gebunden ist. Wir sollten nicht zu schnell den Bereich des Geschichtlichen, Gesellschaftlichen, Rituellen usw. verlassen.

Seltsam: für die vorchristliche Zeit haben die Theologen ein Natursakrament konstruiert, um auch Kinder durch den gesellschaftlich-geschichtlich sich inkarnierenden Heilswillen Gottes erreicht werden zu lassen. Für den Neuen Bund, der doch der der größeren und inkarnierteren Gnade sein soll, ließ man die ungetauft sterbenden Kinder in den Limbus abwandern. Man läßt den Heilswillen Gottes, der doch allgemein und infralapsarisch sein soll, über sein eigenes Gesetz der Taufe stolpern, wenn die normale Taufe nicht gegeben sein kann, man läßt die Gnade nicht über den Ritus hinauswirken. Und (das ist für uns hier wichtig): man gibt sich keine Mühe, ein dem Natursakrament analoges Heilsmittel vom Wesen der Kirche aus zu denken, durch das die Heilsgnade an solche Kinder vermittelt werden kann. Warum sollte es so etwas nicht geben? Ist der Neue Bund ärmer als der Alte? Werden in ihm weniger Menschen, und zwar in einer mindestens quasisakramentalen Weise, gerettet als im Alten?

Darf ein heutiger Theologe nicht auch ein solches Natursakrament postulieren, wie es ein Augustin, Thomas oder sonst ein Theologe gefordert hat, der sich auch nicht auf eine explizite Offenbarung berufen konnte? Kann man nicht irgendeine menschliche Geste der Annahme eines Menschen in die Gemeinschaft der Menschen als ein solches Natursakrament werten, wenn und insofern es vom Wesen der Kirche als dem Urzeichen der Gnade in der Welt her diese Bedeutung eines

Heilszeichens erhält und ihm die Kirche, das Zeichen des Erbarmens Gottes in der Welt, in dem bestimmten Kontext, in dem jeder Mensch steht, diese Bedeutung gibt? Wenn die alten Theologen sagen, diese Natursakramente hätten nicht ex opere operato gewirkt, dann ist zu sagen, daß sie eben doch gewirkt haben (wie immer auch diese Wirksamkeit gedacht werden mag) und daß ein „Natursakrament" im Raum der eschatologisch siegreichen Kirche, wenn auch nicht früher, diese Wirkung ex opere operato haben kann, weil auch die normalen Sakramente *von daher* diese Wirkung haben.

Wenn man die bisherigen Überlegungen nur schnell und obenhin liest, werden sie gewiß einen Eindruck machen, es sei hier alles durcheinandergemengt. Sieht man aber wohlwollender und genauer zu, wird man doch die Beziehung zu unserer eigentlichen Frage, der gegenseitigen Anerkennung der Ämter in den Kirchen, schon entdecken. Dafür sind hier bisher und später nur einübende *Vor*überlegungen vorgetragen worden. Mehr nicht, keine eigentlichen Thesen zu unserem Grundthema. Aber es ist doch mindestens jetzt, so hoffe ich wenigstens, eine Anzahl von *Fragen* gegeben. Kann man sich nicht ein Rechtssubjekt Kirche denken, das der eigentlich vollendeten hierarchischen Verfassung der Kirche im katholischen Sinne noch vorausliegt, auch wenn es sich in diese konkrete Verfassung legitim hineinkonkretisiert hat und auch so „an sich" für alle verpflichtend ist? Kann man sich nicht denken, daß von diesem ursprünglicheren Wesen, das ja auch das Papsttum tragen und auch ihm gegenüber wenigstens in bestimmten Fällen auch rechtlich aktiv werden muß, stillschweigend auch andere Rechtssetzungen ausgehen, ausgehen können und wegen des Heilswillens Gottes allen Menschen gegenüber unter bestimmten Voraussetzungen und in bestimmten Situationen ausgehen müssen, ohne daß dadurch jene Konkretheit dieses Wesens der Kirche geleugnet werden muß, in die hinein sich dieses Wesen in Raum und Zeit wesensgemäß entfaltet hat? Kann es (eine zweite Grundfrage, die sich schon ergeben hat) vielleicht doch so sein, daß es Adressaten der Bevollmächtigung zu bestimmten sakramentalen Akten von diesem ursprünglichen Wesen der Kirche her gibt, Adressaten, die nicht einfach in der genau selben Weise („monarchisch" usw.) konstituiert sind, wie es legitim und darum an sich für alle verbindlich in der katholischen Kirche geschieht, und die doch Träger einer solchen Bevollmächtigung sein können unter bestimmten Voraussetzungen und in bestimmten geschichtlichen Situationen? Sind die Ebene, auf der man in der Ämterfrage doch meist allein argumentiert, und der Ausgangspunkt, von dem aus man dies tut, wirklich die einzigen, die in Frage kommen? Oder gibt es einen Ausgangspunkt auf einer Ebene, die tiefer liegt und doch auch rechtliche Wirkungen haben kann? Nochmals: Fragen, nicht mehr. Es muß hoffentlich nicht noch lang betont werden, daß die Überlegungen über eine denkbare Flexibilität der Ämterstruktur in der katholischen Kirche von Bedeutung sind für die „Ämterfrage", die das Thema aller dieser Überlegungen ist. Wenn eine solche Flexibilität mit dem Wesen der Kirche auch nach katholischem Kirchenverständnis vereinbar ist, dann darf man nicht von der stillschweigenden Voraussetzung in der „Ämterfrage" ausgehen, *nur* solche Ämter in den anderen Kirchen kämen eventuell für eine Anerkennung als legitim in Frage, die genauso strukturiert sind, wie es faktisch heute die Ämter in der katholischen Kirche sind.

III
Recht als Anerkennung schon bestehender Wirklichkeit

Man kann sich dieses Bedingt- und Getragensein der explizit rechtlichen Strukturen und Akte der Kirche durch ihr ursprünglicheres Wesen, das auch als solches rechtsbegründend ist, noch durch viele andere Überlegungen verdeutlichen. Woher weiß z.B. ein einzelner Priester, daß er gültig geweiht ist? Wenn er diese Gültigkeit ganz und allein abhängig sein läßt von der nie unterbrochenen Kette gültiger Weihen (Gültigkeit im üblichen Sinne verstanden), angefangen von der Weihe des ihn ordinierenden Bischofs bis zurück zu den Aposteln, wenn er dabei die Voraussetzungen der Gültigkeit bedenkt, wie sie üblicherweise verstanden werden (zu denen auch die intentio interna, vielleicht im Mittelalter eine ganz bestimmte traditio instrumentorum und sehr vieles andere gehörten oder gehören), dann müßte ein solcher Priester sagen, daß er im allerbesten Falle eine moralische Wahrscheinlichkeit für diese Gültigkeit seiner Weihe in Anspruch nehmen könne und man eben auf die gütige Vorsehung Gottes dafür vertrauen müsse, daß nicht allzu viele ungültigen Weihen gegeben seien, obwohl doch diese endlosen Weiheketten, bei den Bedingungen, die man für eine gültige Ordination stellt, nur zu leicht gerissen sein können, ohne daß man es bemerken kann. Ist eigentlich eine solche Vorstellung sinnvoll, der Natur der Sache, um die es geht, entsprechend und Gottes würdig? Ich meine: nein. Diese ganze Vorstellung hat eine „physikalische" Auffassung von den Bedingungen der Gültigkeit zur Voraussetzung, eine Vorstellung, die der Sache, um die es geht, nicht entspricht.

Was steht denn eigentlich der Auffassung entgegen, die so gedacht wird: Die gültige Geweihtheit eines Priesters oder Bischofs ist dann gegeben, wenn er als solcher widerspruchslos von der kirchlichen Gesellschaft anerkannt ist? Diese faktische öffentliche Anerkanntheit eines Bischofs oder eines Priesters von seiten der Kirche konstituiert deren gültige Ordiniertheit. Was man gewöhnlich als Bedingungen und Voraussetzungen einer gültigen Weihe ansieht, ist in Wirklichkeit die Erfülltheit der „normalen“ Regeln, nach denen die (hierarchisch verfaßte) Öffentlichkeit der Kirche ihr Anerkennungsurteil bildet, Regeln, die aber, weil von der Kirche in ihrer Konkretheit gesetzt, Regeln sind, die sie sich selber gibt mit einer Verpflichtung, deren Grad und Umfang von *ihrem* Willen abhängt, die also keine Instanz gegen die Öffentlichkeit und ihr Urteil sind und darum auch ohne Schaden unbeachtet bleiben, wenn die Kirche selbst von ihrem gewöhnlichen Verfahren abweichen will, d.h. eine Ordination trotz solcher Normverstöße als gültig anerkennt. Man kann natürlich gegen diese Vorstellung sagen, die Kirche handele mindestens in analogen Fällen unter der gegenteiligen Voraussetzung.

So werde z.B. ein matrimonium (putativum) als ungültig betrachtet, wenn man 30 Jahre nach Eheabschluß einen Formfehler bei diesem Eheabschluß entdeckt, obwohl die Ehe von den Ehegatten und der Öffentlichkeit der Kirche 30 Jahre lang als gültig betrachtet und gelebt worden war. Aber: Ist diese durchschnittliche Interpretation einer solchen Ehe als ungültig richtig? Oder ist sie falsch? Warum sollte man sie nicht schlicht falsch nennen dürfen, einfach weil sie für ein normales menschliches Empfinden unsinnig ist und Tatbestände Rechtens werden können, auch wenn sie am Anfang mit Schuld oder mit irgendwelchen Verstößen gegen die normalen Rechtsregeln ihres Entstehens entstanden sind? Daß bei einer solchen Auffassung wieder Fälle entstehen, mit denen man nur schwer zurechtkommt, ist kein Gegenargument. Eine absolute, immer gegebene Deckung zwischen dem Moralischen und Menschlichen einerseits und dem wirklichen oder vermeintlichen Rechtlichen anderseits ist auf jeden Fall im Leben der Kirche nicht gegeben. Wenn also nach heute üblicher Praxis die Kirche bei Entdekkung des Formfehlers *vor* der sanatio in radice einem Ehepartner eine andere Ehe erlauben würde, dann handelt sie eben falsch, und ein solcher Fehler kann bei einer unvollkommenen Beurteilung eines solchen Falles genausogut vorkommen wie im Fall, in dem nach einem Nullitätsurteil eines kirchlichen Gerichtshofes, das objektiv falsch ist, eine neue Ehe eingegangen wird, oder wie in dem Fall, in dem Päpste im Mittelalter eine Ehescheidung erlaubt haben, die nach heutiger Auffassung unmöglich ist. Diese 30jährige Ehe kann wegen dieser langen

Anerkanntheit in der Öffentlichkeit der Kirche durchaus als auch rechtlich gültig verstanden werden und eine nochmals vorgenommene Trauung oder sanatio in radice können verstanden werden als explizite Aufrechterhaltung dieser schon gegebenen Gültigkeit angesichts der nachträglichen Feststellung eines früheren Formfehlers.

Von da aus wird es auch verständlich und erst eigentlich unbedenklich, daß man bezüglich jahrhundertelanger Praxis der Ordination gar nicht sicher weiß, was eigentlich der zur Gültigkeit erforderliche Ritus war: ob die Handauflegung oder die traditio instrumentorum oder beides oder sonst ein Ritus, der bei der Ordination vorkam. Unter genau welchen nicht durchreflektierten Riten auch immer jemand in der Öffentlichkeit der Kirche den Status eines legitimen und anerkannten Priesters erhielt und hatte, er *hatte* so diesen Status, und damit war alles klar. Wenn man aber eine fast physikalisch von ganz bestimmten Bedingungen allein abhängige Weihe sich so vorstellt, daß die Weihe selbst trotz eines unangefochtenen Status in der Kirche ungültig ist, wenn diese oder jene Bedingung aus was immer für Gründen nicht erfüllt ist, würde man eigentlich sakramental sehr „gefährlich" in der Kirche leben, wäre dauernd in diesem Bereich von Rechtsunsicherheit bedroht, müßte eine nicht recht glaubwürdige Providenz Gottes zur Verhinderung des Abbruchs sakramentaler Sukzessionsketten postulieren. Dann hätte man doch diese Bedingungen für eine gültige Weihe früher sehr minutiös präzisieren müssen. Aber dies hat man früher nie für notwendig gehalten.

Vielleicht hat es an dieser Stelle einen Sinn, sich noch etwas ausdrücklicher Gedanken darüber zu machen, wie man sich die sogenannte „sanatio in radice" denken muß, wenn man sie als ein sinnvolles rechtliches Geschehen begreifen will. Eine Ehe soll dabei alle für eine gültige Ehe notwendigen personalen Voraussetzungen und Eigentümlichkeiten haben, aber wegen eines Formfehlers im kirchlichen Eheabschluß „ungültig" sein. Von diesem Formmangel dispensiert nun der Gesetzgeber, und zwar unter Umständen ohne Wissen der Ehepartner und – schon ist diese Ehe gültig. Während nach kirchenlegalistischen Vorstellungen von der „sanatio in radice" die Ehegatten vor dieser sanatio sich ruhig hätten trennen und eine andere Ehe eingehen können, ist ihre Ehe jetzt plötzlich unauflöslich, und zwar ohne daß die Ehepartner etwas von dieser fundamentalen Änderung ihrer Existenz zu wissen brauchen. Ist so etwas im Ernst als sinnvoll zu betrachten? Ist man aus dieser Misere schon heraus, wenn man sagt, in einem solchen Fall hätten natürlich die Ehepartner die „moralische" Pflicht, beisammen zu bleiben und eine sanatio in radice anzustreben? Ich meine: nein. Denn wenn sie dieser moralischen Pflicht nicht nachkämen, wäre nach der üblichen Schultheologie die neue Ehe mit einem anderen Ehepartner eben doch gültig.

Aber eine solche Meinung widerspricht doch offenbar den sittlichen Normen des Evangeliums, die die „Moral" eben gerade mit rechtlichen Folgen schützen. Aber kann man die sanatio in radice auch so denken, daß man sie weder als sinnlos ablehnen noch so, wie üblich, „erklären" muß, so daß sie dann widersinnig erscheint? Vermutlich ist die Sache einfach: der frühere Formfehler machte die Ehe (existentiell und auch gesellschaftlich) nicht eigentlich ungültig; die „sanatio in radice" anerkennt bloß ausdrücklich, daß der der Ehe scheinbar engegenstehende Formfehler in dem betreffenden Fall die Ehe doch nicht ungültig macht; der Gesetzgeber ändert nicht die Sache, sondern präzisiert sein eigenes Verhältnis zu ihr. Auch von daher sieht man: ein und derselbe gesellschaftliche Status in der Kirche kann auf verschiedene Weise entstehen oder als bestehend anerkannt werden. Höhere Prinzipien können engere und für die normale Praxis ausreichende und sogar gebotene Normen übergreifen und so etwas Rechtens machen, was an sich diesen engeren Normen widerspricht. Dabei ist natürlich (allgemein gesprochen!) sowohl der Fall denkbar, daß eine gegebene menschliche Wirklichkeit (z. B. das ehelich-personale Verhältnis zweier Menschen; eine faktisch gegebene Funktion in einer Gesellschaft) schon vor ihrer ausdrücklichen Anerkennung als trotz des Hindernisses niedrigerer Normen bestehend sprachlich den Namen (die Bezeichnung) trägt, der diese Wirklichkeit auch als so anerkannte bezeichnet und somit diese Anerkennung erscheint als Anerkennung des „ex tunc" (d. h. als Anerkennung der schon immer gegebenen Wirklichkeit *als* schon immer gegebener), als auch der Fall, daß der Name (die Bezeichnung), aus welchen guten oder schlechten Gründen auch immer, nur der *explizit* anerkannten Wirklichkeit zuerkannt wird und darum und in diesem Sinne die anerkannte Wirklichkeit „ex nunc" (d. h. vom Augenblick ihrer Anerkennung an) existiert. Es kann natürlich auch der Fall gegeben sein, daß eine solche Wirklichkeit *drei* Phasen durchläuft: eine zunächst illegitime Konstitution einer solchen Wirklichkeit, ein späteres Legitimwerden dieser Wirklichkeit, eine ausdrückliche Anerkennung dieser erst später eingetretenen Legitimität. Man denke sich z.B. eine zu Lebzeiten des ersten Ehegatten abgeschlossene Zweitehe, das Legitimwerden dieser zweiten Ehe nach dem Tod des ersten Ehegatten, die ausdrückliche kirchliche Anerkennung dieser Ehe; oder die ungerechte Säkularisierung kirchlichen Besitzes durch den Staat, das Legitimwerden dieses säkularisierten Besitzstandes durch hinzukommende geschichtliche und gesellschaftliche neue Umstände und den langen Besitz, die Anerkennung dieser Legitimität durch die Kirche. So ähnlich könnte man sich z.B. denken, daß die Kirche einen jurisdiktionellen Akt eines Bischofs, der selber durch eigenen Entschluß Schismatiker geworden ist, nicht anerkennt in der Zeit, in der ein solches Schisma entsteht und noch aktuell den Protest der Kirche erfordert, daß dann aber eine Zeit kommt, in der solche rechtlichen Akte der Nachfolger eines solchen Bischofs durchaus legitim sind; und schließlich eine Zeit kommt, in der auch die römisch-katholische Kirche eine solche Legitimität ausdrücklich anerkennt. Zum Beispiel hinsichtlich der „Beichtjurisdiktion" von seiten schismatischer Bischöfe kann man sich eine solche Entwicklung in drei Phasen durchaus auch als faktisch geschehen denken.

Man könnte und müßte wohl bei einer „Anerkennung" ausdrücklicher Art nochmals unterscheiden zwischen einer „amtlichen" und „privaten". Einen solchen Unterschied gibt es auch faktisch. Man denke an eine eheliche Verbindung zweier katholischer Christen, von denen einer vorher in einer „Ehe" lebt, die sicher nach allen Normen der Moral und des Kirchenrechtes ungültig war, deren Ungültigkeit aus irgendeinem Grund aber nicht „in foro Ecclesiae" nachgewiesen und anerkannt werden kann. Ist diese „zweite" Ehe gültig, wenn sie bloß standesamtlich geschlossen wird (analog zu CIC can. 1098)? Wenn ja, dann werden mindestens die von der Sache wissenden Christen der Umgebung diese Ehe als sakramental christlich anerkennen, obwohl sie kirchenamtlich nicht als solche anerkannt wird und nicht werden kann. (Die Differenz zwischen der „Sache" und ihrem öffentlich-rechtlichen Status in einer Gesellschaft ist auch in der Kirche nicht in jedem Fall überwindbar.) Kann ein Geistlicher, der von der Ungültigkeit der ersten „Ehe" überzeugt ist, dem „zweiten" Eheabschluß assistieren (wenn er dadurch kein „Ärgernis“ erregt)? Wenn ja, anerkennt er die zweite Ehe als sakramental gültig, obwohl eine Nichtigkeitserklärung von seiten der Amtskirche bezüglich der ersten Ehe nicht vorliegt. Ist so etwas nur bezüglich der Ehe oder auch bei anderen Sakramenten möglich, und kann dementsprechend auch zwischen einer amtlichen und privaten Anerkennung eines solchen Sakramentes unterschieden werden?

Was diese Überlegungen für unser eigentliches Grundthema bedeuten können, braucht wohl an dieser Stelle nicht noch einmal eigens verdeutlicht zu werden.

IV
Die gemeinsame Heilswirklichkeit in den getrennten Kirchen

1. Gemeinsame Heilswirklichkeit in der Trennung auf Grund der bona fides

Wegen der eigentlich angezielten Grundfrage sei nun eine ganz andere Erwägung angeschlossen. Sie bezieht sich auf das Verhältnis der nichtkatholischen Kirchen und kirchlichen Gemeinschaften zur römisch-katholischen Kirche nach der Auffassung der katholischen Kirche selbst. (Es wird also hier nicht gefragt, wie diese anderen Kirchen selbst sich und ihr Verhältnis zur katholischen Kirche interpretieren.) Bei dieser Frage wird die katholische (amtliche und schulmäßige) Lehre über dieses Verhältnis als gültig vorausgesetzt.

Unter dieser Voraussetzung wird nur versucht, weiter zu fragen und Implikationen explizit zu machen, die in dieser „klassischen" Lehre gegeben sind. Man muß, so will mir scheinen, zunächst darauf reflektieren, daß man zwischen dem Verhältnis der katholischen Kirche zu den anderen Kirchen im „Augenblick" des *Entstehens* von solchen nach katholischer Auffassung häretischen oder schismatischen Kirchen und dem Verhältnis in der späteren Zeit unterscheiden muß, in der diese anderen Kirchen gar nicht mehr primär von ihrem Widerspruch zur katholischen Kirche und (oder) zu ihrer Lehre her sich verstehen und verstanden werden. Dieser Unterschied aber wurde früher nicht deutlich gesehen. Das zeigt sich z. B. daran, daß bis in die neueste Zeit von der katholischen Kirchenapologetik höchstens den Ungebildeten, nicht aber den theologisch Gebildeten unter solchen Häretikern oder Schismatikern eine bona fides zugebilligt wurde. Das wird zwar nach dem II. Vatikanum niemand mehr behaupten. Es ist aber von daher wohl zu vermuten, daß beim *Entstehen* einer kirchenbildenden Häresie oder eines Schismas man sich gegenseitig eine mala fides imputierte oder als selbstverständlich voraussetzte. Ob das berechtigt war oder nicht, welche Art des Vorgehens auf beiden Seiten bei drohendem *Entstehen* von Häresie und Schisma gefordert wäre, wenn man auf beiden Seiten gegenseitig eine bona fides präsumieren würde, ob man dies eigentlich unter Christen tun müßte, das alles steht hier nicht zur Diskussion. Man *hatte* diese Präsumtion der mala fides, wie sich aus dem Stil der Diskussion beim Entstehen von Kirchenspaltungen und aus anderen Indizien, auch von ausdrücklicher Bekundung dieser Präsumtion abgesehen, belegen läßt. Aber daß man die gegenseitige Einschätzung beim Entstehen einer Spaltung bzw. die praktischen Konsequenzen im Handeln, die man wie selbstverständlich aus dieser Präsumtion ableitete (bis zu Gemälden z.B., in denen Luther in der Macht des Teufels dargestellt wurde), wie selbstverständlich als für spätere Zeiten der getrennten Kirchen weitergeltend erachtete, obwohl die getrennten Kirchen gar nicht mehr oder nicht mehr allein vom Pathos der Trennungszeit, sondern vor allem vom Gewicht der faktischen (getrennten) Existenz durch lange Jahrhunderte hindurch her leben und je sich von daher als selbstverständlich erachten, das sah man früher nicht deutlich genug. Man sah die sicher unbefangenen Kinder so an, wie man die Väter angesehen hatte, denen man keine Unschuld und Unbefangenheit zutraute.

Jetzt ist es anders. Man verkehrt ja höflich und liebevoll miteinander. Der Papst – beispielsweise – empfängt die Führer der getrennten Kirchen. Paul VI. redet unbefangen von „Schwesterkirchen", wenn er von den orthodoxen Kirchen spricht. (Man sieht nicht leicht, wie solche Worte zu der Erklärung im ersten Teil von „Mysterium Ecclesiae" vom 24. 6. 1973 über die Einzigkeit der römisch-katholischen Kirche passen. Aber das ist nochmals eine andere Frage.) Das alles scheint selbstverständlich. Aber es ist eigentlich nicht so selbstverständlich. Leo X. wäre gewiß nicht nach Wittenberg gegangen in der Weise, wie Paul VI. nach Genf ging. Ein solcher Gang wäre einem Papst zur Reformationszeit als Verrat an seinem eigenen Selbstverständnis erschienen. Heute ist solches und ähnliches unter Christen selbstverständlich, weil man sich von der Tatsache eines Getrennt*seins* her empfindet, das sich als Aufgabe für die Zukunft zeigt, aber nicht eigentlich sich von einem Getrennt*werden* in der Vergangenheit her taxiert trotz allem historischen Wissen über diese Vergangenheit. So ist es selbstverständlich, daß man gar keine Schwierigkeit empfindet, sich selbstverständlich gegenseitig eine bona fides zuzuerkennen.

Bei der Abfassung der einschlägigen Dekrete des II. Vatikanums hat man meines Wissens sich nicht den Kopf darüber zerbrochen, wie man all das, was man über die getrennten Brüder sagt, eigentlich sagen *könne*, wenn das richtig ist, was das I. Vatikanum sagte, daß nämlich die göttliche Herkunft der römisch-katholischen Kirche die einleuchtendste, jeder Intelligenz in jeder Zeit zugänglichste Sache der Welt sei, so daß von daher eigentlich doch die jetzt ausdrücklich oder stillschweigend gelebte Überzeugung von der (durchschnittlich gegebenen) bona fides der anderen nicht so selbstverständlich sein könnte. Diese Andeutungen des Unterschiedes des Verhältnisses zwischen den getrennten Kirchen bei Entstehen der Häresie oder des Schismas einerseits und später anderseits mögen hier genügen, so unvollkommen sie auch sind.

Dieser zunächst geschichtliche und psychologische Unterschied hat aber eine theologisch-ekklesiologische Relevanz, auf die man meist zu wenig reflektiert. Die Getrenntheit der Kirchen (und somit die Notwendigkeit einer Einigung) soll nicht geleugnet oder verharmlost werden. Aber es ist doch genauer zu fragen, welches Wesen, theologisch gesehen, dieses Getrenntsein hat, wenn man die bona fides den getrennten Kirchen zuerkennen muß und gegenseitig zuerkennt. Bei dieser Frage ist zu beachten, daß diese Anerkennung einer bona fides als ein geschichtliches, öffentliches, als solches durch konkludente Tatsachen festgestelltes Faktum zu betrachten ist und nicht bloß als private Angelegenheit je der einzelnen. Diese gesellschaftlich kollektive bona fides der anderen Kirchen, die über eine solche je der einzelnen in solchen Kirchen natürlich noch nichts mit Sicherheit aussagt, ist analog zu verstehen wie die „Heiligkeit“ der Kirche als eine öffentlich und geschichtlich greifbare Größe, obwohl damit über die Heiligkeit der einzelnen noch nichts festgelegt ist. Diese bona fides, als gegenseitig *so* anerkannte, daß die bona fides je der einen Seite eine anerkannte Realität auf je der anderen Seite ist, schafft nun aber bei aller noch gegebenen Trennung eine Einheit ekklesiologischer Art. *Diese* Einheit ist weder einfach identisch mit der (heute mit Recht betonten) schon gegebenen Einheit der getrennten Christen in Christus und seiner Gnade, noch einfach mit der (ebenfalls mit Recht hervorgehobenen)

Gemeinsamkeit in vielem Christlichen (Taufe, Schrift usw.) identisch, das in den getrennten Kirchen existiert (aber eben doch eher als ein Gleiches gesehen wird, das getrennt voneinander in den verschiedenen Kirchen existiert), wenn auch natürlich alle diese, je eine (gewisse) Einheit konstituierenden Momente untereinander zusammenhängen und man sich gegenseitig die bona fides zuerkennen muß, wenn man sich gegenseitig den Besitz des Geistes wegen der gegenseitigen Erfahrung seiner Früchte wirklich zugesteht. Man hat aber die schon gegebene Einheit der getrennten Kirchen theologisch noch nicht deutlich gesehen, wenn man diese bona fides als öffentliche und gegenseitig anerkannte nicht mitbetrachtet. Wenn man diese bona fides aber so sieht, daß sie in den getrennten Kirchen überall den heilschaffenden Glauben bestehen läßt oder mit ihm sachlich identisch ist, dann sagt man implizit, daß die getrennten Kirchen (als ganze, ohne Urteil über die einzelnen als solche) keine Wirklichkeit trennt, die in die letzten Tiefen der heilshaften Existenz hinabreicht und da das Heil unmöglich machen würde. Die Kirchen sind getrennt, aber es ist anerkannt, daß sie sich nicht heute durch eine Tat trennen, die hier und jetzt geschehen würde. Aber eine totale Getrenntheit kann nur konstituiert werden durch eine solche Tat, die den heilschaffenden Glauben und auf diese Weise die bona fides aufheben würde.

Ja man kann weiter fragen: Existieren in der Dimension des öffentlichen, amtlichen und verpflichtenden Bekenntnisses heute (noch) *solche* theologischen Differenzen, die mit einem eigentlichen (wenigstens versuchten) *Glaubens*engagement auf beiden Seiten gesetzt werden, so daß eine wirkliche Trennung durch Häresie und nicht nur durch Schisma gegeben ist? Oder ist es so, daß (wenigstens von der Lehre über den Papst abgesehen, deren Nichtangenommensein durch die orthodoxen Kirchen aber die Qualifikation auf bloßes Schisma katholischerseits nicht aufgehoben hat, weil ja die Verwerfung dieser Lehre kein dogmatisch absolut gesetztes Datum auf seiten der östlichen Orthodoxie ist und deren Nichtangenommenheit auf evangelischer Seite auch nicht sicher durch ein absolutes Nein gesetzt wird, wobei von katholischer Seite her auch nicht sicher ist, daß eine *glaubens*mäßige *positive* Annahme des I. Vatikanums expliziter Art immer und in jedem Fall von jedem Mitglied der katholischen Kirche gefordert werden muß) in den orthodoxen und evangelischen Kirchen keine amtlich verpflichtende Lehre existiert, die eine eindeutige und direkte, positive, mit einem Glaubensengagement zu setzen versuchte Leugnung einer katholischen definierten Lehre fordern würde, also hier nur manches oder vieles nicht zur verpflichtenden Lehre zählt, was als solche im katholischen Glaubensbewußtsein explizit steht, wenn man dieses Glaubensbewußtsein von der kirchen*amtlich* entfalteten Lehre her sieht? Wenn aber dem so ist, dann wird die Eigenart dieses nichtgetrennten Getrenntseins noch deutlicher: Die getrennten Kirchen sind gar nicht durch ein absolut verbindliches Nein auf beiden Seiten voneinander getrennt, sie haben eine Einheit im Geist und in vielem, vom Anfang her geerbten christlichen Gemeinsamen, sie anerkennen gegenseitig eine öffentlich greifbare bona fides, die einen wirklichen heilschaffenden christlichen Glauben impliziert; wie immer der historische Ursprung der Trennung gewesen sein mag, ihr Getrenntsein koexistiert zwar mit dem Auftrag und der Pflicht, sich zu einigen, und ist insofern auch glaubensmäßig und theologisch ein Nichtseinsollendes, ist aber oft an sich ein gesellschaftliches und geschichtliches Faktum, dessen Wesen und Gewicht anders ist, als es beim Werden der Trennung (und zwar auf *beiden* Seiten!) präsumiert werden mußte, so wie auch sonst das Hervorrufen eines nichtseinsollenden Zustandes und der danach weiterbestehende Zustand menschlich und sittlich zwei ganz verschiedene Dinge sind oder sein können.

Wenn in der Nota explicativa praevia nr. 2 zu „Lumen gentium" gesagt wird, die aktuelle und legitime Ausübung von munera in der Kirche bedürfe über die Weihe hinaus einer kanonischen Bevollmächtigung, diese aber könne im *Leben* der Kirche den Zeitumständen gemäß schon gegeben sein, *bevor* sie im Recht sozusagen kodifiziert werde, dann muß zwar gesagt werden, daß, wenn und wo ein solches *rechtliches* Ermächtigungsverfahren für die aktuelle Ausübung eines Amtes gegeben ist, man sich grundsätzlich an diese rechtliche Normierung zu halten habe, soll der Akt eines solchen Amtes legitim sein. Aber es ist doch damit die Möglichkeit einer Legitimation durch das nicht kodifizierte *Leben* der Kirche für *die* Fälle nicht einfach und gänzlich abgeschafft, in denen eben die Kodifikation mit dem Leben nicht „mitkommt". Sowenig wie Moral und Recht in jedem Fall zur Deckung gebracht werden können, so wenig kann von vornherein behauptet werden, der rechtlich kodifizierte Vorgang einer sakramentalen Handlung sei *nach* einer solchen Kodifikation in *allen* denkbaren Fällen der einzige, in dem ein sakramental-gnadenhaftes Geschehen bestehen könne; *nur* vor einer solchen Kodifikation sei das „Leben" (der Ausdruck der „nota praevia"!) eine gnadenvermittelnde Handlung als sakramental zu konstituieren imstande. Das Leben wird nicht von außen durch eine Kodifikation gebunden, sondern es *selbst* bindet sich an die kodifizierte Weise seines Vollzugs, aber eben nur in dem Maße, wie dies ihm nicht selbst widerspricht. Wo und wann durch einen Widerspruch gegen die Kodifizierung auch dem Leben selbst widersprochen wird (also bei – mindestens als schuldhaft öffentlich zu präsumierendem – Ungehorsam gegen das Rechtliche, bei vermeidbarer „Unordnung" usw.), versagt auch das „Leben" einem solchen Täter die notwendige Legitimation. Aber warum sonst? Wenn in der „Nota praevia" gegen die doctrina recepta der Handbücher des kanonischen Rechts ein Fortschritt auf einen größeren Realismus geschichtlichen Denkens erzielt wird und einer geschichtlich unvertretbaren Ausschließlichsetzung einer gegenwärtigen Rechtspraxis entgegengewirkt wird, wie Ratzinger in seinem Kommentar zu dieser Nota mit Recht sagt, warum dürfte sich diese Absicht nur auf eine Korrektur des Verständnisses der Vergangenheit beziehen und nicht auch auf eine Ausschließlichsetzung der Praxis der Gegenwart, deren Legitimität im Rahmen des Normalen durch eine solche „Relativierung" gar nicht bedroht wird? Setzt man nämlich die normale Ausübung sakramentaler Vollmachten (usw.) zu absolut, d.h., betrachtet man sie von vornherein als die einzig mögliche überhaupt, dann bringt man gerade die Bedeutung des Sakramentalen als Zeichen in Gefahr: alle gnadenhaften Vorkommnisse außerhalb dieses normal-sakramentalen Bereiches haben dann gar keine innere Bezogenheit mehr auf diesen sakramentalen Bereich und sind doch wirksam; das Sakramentale erscheint dann als eine rein positiv gesetzte Zutat zum eigentlichen Gnadengeschehen, ohne die es in den meisten Fällen (warum also nicht: normalerweise?) auch „geht". Will man dieser Gefahr entgehen und betont man auch für diese Fälle eine „Hinordnung" auf den geschichtlich-gesellschaftlichen und so sakramentalen Bereich der Kirche (wie ein Nichtchrist bonae voluntatis noch auf die Kirche „hingeordnet" ist), dann kann man doch mindestens die Frage stellen, ob nicht doch diese „Hinordnung" wenigstens in bestimmten Fällen im Leben der Kirche derart ist, daß man sie auch eigentlich sakramental nennen kann und muß, obwohl sie den (mit gutem Grund aufgestellten) kodifizierten Normen nicht ganz entsprechen. Der Rechtsbereich kennt doch auch sonst in sehr vielen Fällen gültige rechtliche Verhältnisse oder Setzungen, die nicht der an sich geltenden positiven Norm entsprechen und dennoch unter bestimmten Umständen als gültig anerkannt werden. Wenn jemand sagen wollte, dies geschehe dann doch aus allgemeineren Normen heraus (z.B. bei einer Geschäftsführung ohne Auftrag aufgrund allgemeiner Normen darüber), dann wäre entgegenzufragen, ob eben nicht solche allgemeinen Normen auch im sakramentalen Bereich vorhanden sind, auch wenn sie nicht reflex formuliert sind.

Man sage nicht zu all solchen Überlegungen: Laßt doch die Kirche sich „eng" verstehen, das schadet ja nichts; sie kann und will ja dadurch das Gnadenwirken *Gottes* selbst nicht „eng" machen; *er* bleibt mit seiner Gnade souverän. So kann man sich trösten, wenn es sich für einen katholischen Theologen herausstellen sollte, daß die Kirche in einer für ihn verbindlichen Weise ihr Tun „eng" verstehen *will* (und vielleicht meint, sie müsse das von der Offenbarung her tun). Aber zunächst hat der katholische Theologe das Recht und die Pflicht, die Kirche und ihren „Aktionsradius" möglichst „weit" zu verstehen zu versuchen. Deckt sich auch der Bereich der Heilsmöglichkeiten Gottes und seines Christus und der Bereich der Kirche nicht einfach schlechthin (niemand wird z.B. sagen, ein Ungetaufter könne die Eucharistie als Sakrament im strengen Sinn des Wortes empfangen), so darf doch der Bereich der Kirche nicht mehr als zwingend notwendig eingeengt werden, wenn sie das Zeichen des universalen Heilswillens Gottes der ganzen Welt gegenüber ist und sein soll.

Die – zunächst zu stellende – Frage ist nun die: Ist das ekklesiologische Milieu dieser nur in der genannten Weise getrennten Kirchen – immer von einer katholischen Sicht aus gesehen – nicht so, daß Akte, die in ihm geschehen und von ihm getragen werden, *wenn* sie als solche (mindestens ex nunc) von der katholischen Kirche anerkannt werden, gültige und wirksame Akte sakramentaler Art sind? Warum sollte man diese Frage nicht positiv beantworten dürfen? Warum sollte eine solche Anerkennung unmöglich sein? Und wenn im letzten solche Handlungen als gültige *anerkannt* werden, und wenn sie gültig sind, *weil* sie anerkannt werden, und wenn sie anerkannt werden *können*, weil der normale Ritus der Amtsverleihung nicht notwendig auch in außergewöhnlichen Fällen der einzig legitime ist und weil ein möglicher Träger solcher Amtsvollmachten auch in den getrennten Kirchen in einer wenigstens vom Wesen der Kirche nicht von vornherein ausgeschlossenen Struktur vorhanden ist, kann man dann nicht sagen, daß die Träger solcher Handlungen ein Amt haben? Oder wenn man das Wort „Amt" nur für die Beauftragtheit *derer* reservieren will, die diese Beauftragung, d. h. die Möglichkeit der Setzung von sakramentalen Akten, auf die in der katholischen Kirche „*normale*" Weise erhalten haben (und nicht nach Art einer sanatio in radice; dies aber in dem oben angedeuteten Verständnis), dann könnte man unter Vermeidung des Wortes „Amt" immer noch die Sache selbst, d. h. die Gültigkeit dieser sakramentalen Handlungen, anerkennen und durch Anerkennung gültig machen (quoad *nos!*), weil sie einerseits in einem ekklesiologischen Milieu geschehen, in dem solche anerkennbaren Akte möglich sind und anderseits – damit kommen wir zur radikaleren Frage – ex supposito von der Kirche, d. h. *jetzt* von ihrem rechtschaffenden *Grundwesen* her, schon anerkannt werden und darum gültig sind.

Man kann sich doch denken, daß solche Akte von diesem Grundwesen der Kirche, das schon selbst rechtschaffen ist, anerkannt sind, bevor eine ausdrückliche Anerkennung von seiten des Amtes der katholischen Kirche (in Art der Anerkennung einer bestehenden, obzwar mit einem Formfehler entstandenen, Ehe in einer „sanatio in radice") anerkannt werden. Eine solche stillschweigende Anerkennung vom Grundwesen der Kirche her darf darum wohl angenommen werden, weil eine solche Anerkennung pflichtmäßig erscheint. Man muß dabei folgendes bedenken: Es gibt gewiß Träger von Vollmachten, die zwar pflichtmäßig, „moralisch" in bestimmten Fällen Akte solcher Vollmachten setzen *sollten*, es aber nicht tun, und somit eben dann solche Akte nicht existieren. Aber man kann diese Möglichkeit nicht ohne weiteres und in jedem Fall auch auf die Kirche anwenden. Als eschatologische Gegenwart des Heiles Gottes in der Welt, als unzerstörbar „heilige" Kirche kann es bestimmt Akte geben, die sie nicht nur nicht unterlassen darf, sondern auch gar nicht unterlassen *kann*. Warum sollten nicht zu solchen Akten auch die gehören, die sie als Akte ihres Wesensrechts so setzt, daß durch sie Akte in den getrennten Kirchen dadurch sakramental legitimiert *sind* und auch eine ausdrückliche

Anerkennung, solche zu sein, von der katholischen Kirche erwarten dürften? (Nebenbei: wenn ein evangelischer Theologe den Eindruck haben sollte, daß auf diese Weise mit einer erheblichen Anstrengung Akte als gültig aufzuweisen versucht werden, die er selbst von vornherein als gültig ansieht, und wenn er sich darüber „ärgert", daß sie für eine römisch-katholische Rechtfertigung versucht wird, dann darf er nicht übersehen, daß das „Woher" dieser Rechtfertigung das „*Grundwesen*" Kirche ist, also etwas, von dem der Katholik freilich sagt, daß es in seiner konkreten Kirche zwar in voller geschichtlicher Herkunft „subsistiert" [um mit dem II. Vatikanum zu sprechen], deswegen aber nicht als etwas erklärt wird, was in seiner Kirche nicht auch wirksam wäre. Und schließlich wäre doch ökumenisch zunächst einmal die Hauptsache, daß Sakramente und Ämter in den evangelischen Kirchen von einem Katholiken von seinem Ausgangspunkt aus überhaupt einmal als anerkennbar erkannt werden können. Dazu wird am Ende nochmals wiederholend etwas gesagt werden.)

Man macht es sich doch wohl in der durchschnittlichen katholischen Schultheologie zu einfach, wenn man solchen sakramental sein wollenden Akten und „Ämtern" zwar eine Art „Votum sacramenti" zubilligt mit den gnadenhaften Folgen, die man in der katholischen Schultheologie teilweise ausdrücklich einem solchen Votum zubilligt, teilweise konsequenterweise zubilligen müßte, aber den Charakter eines Sakramentes oder Amtes schlechthin abspricht, also ein Votum und die res sacramenti (mindestens in manchen Fällen) bejaht und das sacramentum verneint. Eine solche Auskunft mag für eine individuelle Heilsbesorgtheit genügen. Aber wenn man zu schnell und zu einfach zwischen sakramentalem Zeichen und sakramentaler Gnade unterscheidet, kommt man in Gefahr, das sakramentale Zeichen bis zur Überflüssigkeit abzuwerten, da ja die bezeichnete Gnadenwirklichkeit selbst auch ohne das Zeichen gehabt werden kann (z. B. die Vereinigung mit Christus in der „geistlichen Kommunion", als welche man eine evangelische Abendmahlsfeier interpretiert). Wenn aber die *Zeichen* der Gnade auch eine Bedeutung haben, wenn die ganze Heilsordnung einen inkarnatorischen und sakramentalen Charakter hat, warum muß man Handlungen in den getrennten Kirchen einen sakramentalen Charakter absprechen, wenn dessen Legitimität zwar nicht von den (sinnvoll, ja notwendig erforderlichen) *normalen* Gesetzen sakramentalen Tuns her legitimiert werden können, wohl aber von einer Legitimation durch das Grundwesen der Kirche, das auch rechtschaffend gedacht werden kann.

2. *Legitime Sakramentalität ohne normale Amtsträger*

Es gibt doch wohl sicher so etwas wie eine Beauftragung zu einer neue Rechtsverhältnisse im kirchlichen Bereich schaffenden Handlung, eine Beauftragung, die einerseits gar nicht explizit ist, und die sich an einen wendet, der nicht in der schlechthinnigen und normalen Weise Mitglied der Kirche ist. So kann z.B. jeder, sogar ein Heide, gültig taufen. Die Taufe aber ist als rechtliche Konsequenzen habende Aufnahme in die Kirche doch sicher ein Rechtsakt. (Wer sagt, es handle sich bei einer solchen Taufe nur um die Setzung eines Faktums, das gewisse rechtliche Folgen hat, die Setzung dieses Faktums brauche darum selbst noch kein rechtlicher Akt zu sein, der übersieht, daß dieses „Faktum" in sich selbst und nicht bloß in seinen Folgen rechtlicher Art ist, weil es selbst die Verleihung der Mitgliedschaft in der Kirche *ist* und *so* sogar den übrigen Wirkungen der Taufe sachlich und logisch vorausgeht.) Wie sollte aber die Taufe durch einen Heiden ein Rechtsakt sein können, ohne daß eine stillschweigende Beauftragung von seiten der Kirche vorausgesetzt wird? Man kann gewiß sagen: Durch Gottes Willen ist auch eine Taufe durch einen Häretiker oder Heiden gültig. Aber woher weiß man das? Schon Cyprian hatte eingewendet, daß es dafür keine Offenbarung durch die Lehre der Apostel gäbe, weil es zur Zeit der Apostel keine taufenden Häretiker gegeben hat. Und selbst wenn man diese und andere Einwände Cyprians nicht für sehr überzeugend hält (leicht zu widerlegen sind sie gewiß nicht; seine Gegner haben sich eigentlich nur auf ihre theologisch gar nicht reflektierte Gewohnheit berufen können; Augustinus mußte zum Postulat eines „Charakters" greifen, weil er der Ketzertaufe eine Wirkung zuschreiben mußte, um sie traditionell als gültig erklären zu können, und einer solchen Taufe doch nicht die Gnadengabe des Geistes selbst zubilligen wollte, da dieser Geist nur in der catholica zu haben sei), so wäre immer noch zu fragen, *wie* diese behauptete Gültigkeit der Taufe durch Häretiker und Heiden zustande komme. Wenn man es nicht für sinnvoll hält, für die Gültigkeit der Ketzertaufe, die ja gar nicht naheliegt, eine explizite Offenbarung aus der Zeit der Apostel zu postulieren, aber auch kein allgemeineres Prinzip zu nennen weiß, aus dessen späterer Explikation die Gültigkeit der Ketzertaufe hergeleitet werden kann, dann bleibt doch nur der in sich durchaus verständliche Satz übrig: Die Ketzertaufe ist gültig, *weil* sie von der Kirche in einem rechtschaffenden Erachten für gültig betrachtet wird, die Gültigkeit dieser Taufe also von der Kirche nicht einfach nur festgestellt wird, sondern in ihrer Anerkennung gesetzt wird. Dabei kann die Frage durchaus offengelassen werden, ob die Kirche unter Umständen auch anders hätte handeln können, die Ketzertaufe also als ungültig hätte ablehnen dürfen, oder ob sie das aus Gründen der Heilssorge und aus anderen moralischen Gründen nicht hätte tun dürfen und darum auch nie getan *hat.* Auch wenn man das letztere annehmen will und so auch die Nichtreflektiertheit der getroffenen Entscheidung geschichtlich leichter verständlich machen kann, ändert das an dieser schöpferischen Rechtssetzung der Kirche nichts. Denn ein Rechtsakt ist auch dann ein solcher, wenn der den Akt Setzende dazu streng moralisch verpflichtet ist. Könnte man nicht sagen: Was die Kirche im Ketzertaufstreit im dritten Jahrhundert hinsichtlich der Taufe der Häretiker getan hat, das sollte sie heute in seinem Sinn und seiner Tragweite und inneren richtigen Begründung deutlich reflektieren und dann erkennen, daß sie das auch (grundsätzlich; Einzelheiten und konkretere Voraussetzungen einer solchen expliziten Anerkennung stehen hier nicht zur Debatte) heute hinsichtlich der Ämter und der sakramentalen Vollzüge anderer Art in den getrennten Kirchen tun könne und müsse (weil sie es, die heilige und barmherzige, in einem Akt ihres *Wesens*rechts schon immer getan *hat,* weil sie es tun muß)?

Man könnte nun einwenden, daß die Sache der Ketzertaufe für unsere allgemeineren Absichten nichts austrage, weil bei einer solchen Generalisierung zuviel und zuwenig bewiesen werde. *Zuwenig,* weil nicht entschieden werden könne, ob dieser Vorgang, der sich auf das heilsnotwendigste Sakrament bezieht und deswegen relativ verständlich ist, verallgemeinert und so z.B. auf die Eucharistievollmacht ausgedehnt werden könne. *Zuviel,* weil ja auch der Heide gültig taufen könne, also die „Konstruktion“ eines ekklesiologischen Milieus, von dem her und auf das hin die außerordentliche und stillschweigende

Bevollmächtigung zu kirchlichen (sakramentalen) Akten denkbar sei, überflüssig sei, da ja der taufende Heide einem solchen Milieu gar nicht angehöre; oder (umgekehrt betrachtet) weil dann auch gefragt werden könnte, warum nicht auch der Heide zur Eucharistiefeier bevollmächtigt werden könne, wenn von der Gültigkeit seiner Taufe ein Schluß auf die Möglichkeit einer Eucharistiefeier durch nicht „normal" Ordinierte gezogen wird.

Aber zum ersten Einwand („zuwenig") kann doch zunächst gesagt werden, daß die Ketzertaufe mindestens beweise, daß eine solche stillschweigende Sonderbeauftragung zu einem sakramental-rechtlichen Akt nicht apriori unmöglich ist. Wenn man betont, es handele sich hier um ein absolut heilsnotwendiges Sakrament, so daß da, aber anderswo nicht, alles möglich sein müsse, so ist zu sagen, daß die Lehre von der Taufe durch einen Heiden nur eine Ausweitung der Lehre von der Gültigkeit der Ketzertaufe ist, diese Lehre aber gar nicht eigentlich entwickelt wurde im Blick auf die *Kinder*taufe, die Erwachsenentaufe aber eine so schlechthinnige Heilsnotwendigkeit gar nicht habe. Wenn man ferner bedenkt, in welche ekklesiologische „Ferne" die Beauftragung eines Heiden zur Aufnahme eines anderen in die Kirche gehe, also viel weiter von der Kirche weg ziele als in den Fällen, die uns beschäftigen, dann kann man doch sagen, daß in diesen Fällen die Kirche viel weniger „wagt" als bei der Ketzertaufe, deren Gültigkeit die Kirche nicht einmal von der bona fides des Taufenden abhängig macht. Warum sollte sich die Kirche nicht auch das Recht auf den Mut zubilligen dürfen, in analoger Weise weniger zu tun, als sie faktisch in dem Fall der Ketzertaufe schon getan hat? Ist die Möglichkeit der gültigen Abendmahlsfeier nicht ebenso eine heilswichtige Sache (wenn man vom Neuen Testament herkommt) wie die Taufe, eine Feier, auf die doch getaufte Christen ein Recht haben? Sollte eine solche Möglichkeit nicht stillschweigend vom Wesen der Kirche her anerkannt sein und darum auch explizit anerkannt werden? Wenn in den „normalen" Fällen der kirchlichen Eucharistiefeier deren gültige Wirklichkeit auf dem Willen beruht, den die Kirche selbst (bei der Ordination oder, eigentlich besser: bei der habituellen Anerkennung – wenn auch nach den normalen Regeln der Ordination – des Priesters durch die Kirche) setzt, warum sollte es ihrer Zuständigkeit entzogen sein, diesen Willen auf eine andere Weise zu setzen und auch zusätzlich zu manifestieren und dadurch diese Rechtswirklichkeit in der Dimension zu setzen, die ihr selbst viel näher und von ihr viel weniger getrennt ist als die Dimension, in der der taufende Heide oder auch *der* taufende Ketzer sich befindet, den die Kirche unter Umständen als malae fidei betrachtet und ihm die Tauffähigkeit doch nicht aberkennt?

Zum zweiten Einwand („zuviel“) kann erwidert werden, daß die Beauftragbarkeit zur Taufe nach der Schätzung der Kirche dem Heiden offenbar darum zugebilligt werden müsse oder wenigstens könne, damit das Heil möglichst vieler auch in sakramentaler Weise durch das fundamentalste Sakrament sichergestellt wird. Die Eucharistievollmacht aber hat einen anderen, kollektiveren und als Feier der *Gemeinde* innerkirchlich*eren* Charakter, so daß bei dem, der dazu beauftragt wird, eine größere Nähe zu der Dimension, die letztlich eine solche Vollmacht trägt, angemessen oder notwendig erscheint, auf jeden Fall aber verständlich wird, warum die Kirche in diesem Fall nie über die Dimension der getauften Christen hinausgedacht hat. Überdies muß nicht übersehen werden, daß eine konkrete Eucharistiefeier doch eine Mehrzahl von Feiernden voraussetzt; bei einer solchen aber kann doch in jedem Fall wenigstens *ein* Christ vorausgesetzt werden. Das Argument würde also im besten Falle beweisen, daß, wo mehrere Christen Eucharistie feiern wollen, ohne daß *irgendein* Ordinierter von irgendeiner Kirche gegeben wäre, dennoch ein sakramentales Geschehen zustande komme durch den Christen, der einer solchen Feier vorsteht. Natürlich nur dort, wo eine solche Eucharistiefeier einen anders nicht zu behebenden Notfall bildet und nicht eine willkürliche Verletzung der Ordinationserfordernis für den normalen Fall darstellt. Ich sehe nicht ein, warum man für einen solchen Fall die Sakramentalität einer solchen Feier leugnen müsse. Es wäre doch der „ausus proprius“ gar nicht gegeben, bei welchem „Mysterium Ecclesiae“ im 6. Teil die Gültigkeit der Eucharistiefeier ohne ordinierten Priester bestreitet (mit Recht).

Es sei in diesem Zusammenhang auch an das Problem der „Laienbeichte“ im Mittelalter erinnert. Vor Skotus hatte man unter den Theologen den Eindruck (wenn auch mit Variationen und Schwankungen im einzelnen), man könne und müsse einem Laien in Todesgefahr beichten, wenn man einen Priester nicht haben könne, und diese Beichte sei dann mehr oder weniger auch sakramental. Zumal man sonst die Pflicht zu einer solchen Beichte kaum rechtfertigen kann. Wenn noch Thomas von Aquin diese Laienbeichte „quodammodo sacramentalis“ nennt, wenn sie auch kein „sacramentum perfectum“ sei, dann darf man nicht sagen, Thomas lehne die hier angedeutete Ansicht einfach ab. Denn ein Sakrament in seiner normalen amtlichen Deutlichkeit ist die Laienbeichte nicht, und *in diesem* Sinn ist sie eben nicht „vollkommen“ Sakrament; aber auch nur so nicht. Und darum ist sie für Thomas eben doch in einer bestimmten Weise (quodammodo) „sakramental“. Thomas hätte nicht so umständlich reden müssen, wenn er einfach der heute üblichen Auffassung gewesen wäre. Man wich also vor Skotus nicht auf die Aushilfe aus, die theologisch damals durchaus zugänglich gewesen wäre (weil man eine Rechtfertigung sogar als *normal vor* der priesterlichen Absolution kannte), man werde durch eine gänzlich außersakramentale „vollkommene“ Reue ja auf jeden Fall gerechtfertigt und so sei in einer solchen Notlage das Sakrament auf später, wenn möglich, zu verschieben. Man dachte also gar nicht so einlinig an eine Alternative: entweder Sakrament unter den ganz normalen amtlichen Bedingungen und Konstitutiven *oder* eine bloß „subjektive“ Erreichung der Gnade. Man suchte in solchen Notfällen eine Mitte und Vermittlung; man war bereit, einen, wenn auch außergewöhnlichen und für den Normalfall nicht in Frage kommenden sakramentalen Vorgang zu denken. Ist so etwas einfach durch den „Fortschritt“ der Theologie überholt, oder haben wir es heute mit einer primitivisierenden Simplifizierung zu tun, die um der Klarheit und Eindeutigkeit willen mit solchen außergewöhnlichen Möglichkeiten von Sakramentalität nicht mehr rechnen will? Ist nun so etwas wie eine sakramentale Laienbeichte nur in den Fällen denkbar, an die die mittelalterliche Theologie dachte? Man denke auch beim Bußsakrament an die sogenannten Generalabsolutionen, die für den Notfall auch nach jüngster römischer Lehre in mehreren Situationen möglich sind, wenn eine sakramentale Einzelbeichte nicht möglich ist, und die doch Sakrament sind. Man kann natürlich sagen, so etwas sei eben möglich, weil im konkreten Umstand mehr nicht möglich ist, das Sakrament aber gespendet werden müsse, weil „die Sakramente für die Menschen da sind und nicht die Menschen für die Sakramente“ und weil sonst die Menschen unter Umständen der sakramentalen Rechtfertigung entbehren müßten. Aber warum sagt man nicht auch in diesem Fall: das gehe nicht, das Einzelbekenntnis gehöre nun einmal zum Wesen dieses Sakramentes, dem Menschen blieben ja das votum sacramenti und die vollkommene Reue, auch ein Sakrament sei nicht „sicherer" als der Teil in ihm, der in der subjektiven Hinkehr zu Gott in der Reue bestehe; vollkommene Reue sei auch nicht schwerer als eine „unvollkommene" (ohne die das Sakrament keine Frucht haben kann), weil die Schwierigkeit der vollkommenen Reue ja gerade in der Schwierigkeit der „unvollkommenen" Reue, nämlich in der ehrlichen Abkehr von der Sünde, bestehe? Selbst wenn dieser Gegeneinwand gegen die Dringlichkeit solcher Generalabsolutionen an sich zu Recht besteht, wird man nichts gegen diese Generalabsolutionen haben. Aber sie zeigen auch wieder, welche Flexibilität das wirksame Wort der Vergebung im Mund der Kirche haben kann. Und man wird daran zweifeln, daß diese Flexibilität grundsätzlich gerade dort aufhören muß, wo sie faktisch in der heutigen Praxis der Kirche endet.

V
Der geschichtliche Gestaltwandel der Sakramente und ihre Gültigkeit

Noch eine andere Überlegung soll ausdrücklicher angestellt werden als bisher, um unsere theologischen „Übungen“ (um mit Origenes zu sprechen) einigermaßen abzurunden. Wir blicken auf die große Variabilität der einzelnen sakramentalen Zeichen, die dennoch ihrer gnadenhaften Wirksamkeit keinen Abbruch tun. Man kann diese Variabilität so gut wie bei allen Sakramenten zeigen. Es gibt eine Tauchtaufe, eine Infusionstaufe, eine Aspersionstaufe. Man wußte nicht recht, ob die Salbung oder die Handauflegung bei der Firmung entscheidend ist.

Bezüglich der Firmung wird traditionell gesagt, ihr „ordentlicher“ Spender sei der Bischof. Nach jüngsten römischen Erlassen soll aber jeder Priester, der einen Erwachsenen tauft, sofort auch die Firmung spenden. Wenn man sich aber dazudenkt, daß doch eigentlich die Erwachsenentaufe der Normalfall der Taufe (theologisch gesehen im Unterschied zu einer kirchensoziologischen Betrachtung der Situation, wie sie heute [noch] ist), dann fragt man sich, ob nicht dadurch, theologisch gesehen, der gewöhnliche Priester zum ordentlichen Spender der Firmung wird und ob nicht so später einmal, wenn die Erwachsenentaufe auch im durchschnittlichen Bewußtsein wieder Normalfall, wenn auch hoffentlich nicht der einzige, wird, die beiden Sakramente, Taufe und Firmung, wieder für das Durchschnittsbewußtsein mehr oder weniger wieder zu *einem* Initiationssakrament zusammenwachsen. Das wäre nicht schlimm; diese Überlegung zeigt aber doch wohl auch, wie „flüssig“, weil abhängig vom Willen der Kirche, die ganze Sakramentenmaterie auch heute noch ist.

Man kann die Eucharistie unter einer oder beiden Gestalten empfangen. Es gibt eine öffentliche und eine private Absolution, unter deprekativer oder indikativer Form. Es gibt eine Krankensalbung mit einer Salbung der Stirn oder der einzelnen „Glieder“. Der Eheabschluß kann in den verschiedensten Formen geschehen bis zu einer Vertretung durch einen Prokurator. Die Ordination konnte oder kann durch Handauflegung geschehen oder durch eine traditio instrumentorum oder durch beides. Nun hat man zwar für die Legitimität all dieser Variationen gute Gründe. Wenn man sie aber genauer anschaut, dann merkt man, daß diese Gründe nur überzeugen, weil man im voraus zu dieser reflexen Begründung liturgisch eben so schon gehandelt hatte, eine solche Praxis gewohnt war und von *daher* dann die nachträglich beigebrachten Gründe einem einleuchten. Wenn es z.B. keine Kommunion unter einer Gestalt gäbe, dann möchte ich einmal den Theologen sehen, dem die leicht zu findenden Argumente gegen eine Kommunion unter einer Gestalt nicht einleuchten würden. Warum ist – aus der Schrift und der alten Praxis „bewiesen" – das *Weizen*brot notwendige Materie, die Doppeltheit der Gestalten bei der einzelnen Kommunion aber nicht? Wenn es keinen sakramentalen Eheabschluß durch einen Prokurator gäbe, dann würde vermutlich jeder Theologe mit dem besten theologischen Gewissen sagen, man könne natürlich irgendwelche Verträge durch einen Prokurator abschließen, aber das *sakramentale* Wesen dieses Vertrages verbiete eben doch eine solche Form, weil man nicht auf Distanz das Ehesakrament empfangen könne, sowenig wie man sich über einen Erdsatelliten durch Funk eine Absolution geben lassen könne.

Das Seltsame bei dieser Variabilität der Sakramente liegt nun weiterhin darin, daß diese Variabilität nicht nur in einer höchst unreflektierten Weise geworden ist, sondern auch gar kein deutliches Prinzip erkennen läßt, nach dem diese Variabilität entstanden und legitimiert ist. Warum ist z.B. eine Krankensalbung ungültig, wenn kein vom Bischof dafür geweihtes Öl benutzt wird? Warum muß das Brot in der Eucharistie unbedingt aus Weizen sein? Man kommt doch über all diese Schwierigkeiten (samt der Einsetzung aller Sakramente durch Jesus) nur hinaus und über alle gewaltsamen Einzelbegründungen nur hinweg, wenn man schlicht und mutig sagt, daß die Sakramente (bei allen schon oben zugegebenen historischen Verbindungen solcher sakramentaler Akte mit dem historischen Jesus) Artikulationen des Grundwesens der Kirche auf den einzelnen hin in dessen existentiell bedeutsamen Situationen sind, die Sakramente auf *diese* Weise ihr Wesen und ihre Herkunft von Jesus Christus haben und darum aber auch in einem viel größeren Maße in der Verfügung der Kirche stehen, als es an den faktischen Variationen der Sakramentenspendung allein abgelesen werden kann, so daß der faktische und reflex erfaßte Umfang dieser Variationen sich nicht deckt mit dem grundsätzlich möglichen Umfang. So ist z. B. vermutlich auch der Umfang sakramentaler Ordination im Mittelalter, in dem die niederen Weihen als Sakramente betrachtet wurden, und darum – warum nicht? – auch wirklich waren, größer gewesen als heute, wo wir nur noch drei „Stufen" des Weihesakramentes anerkennen und *darum* auch nur haben.

Wir müßten heute, wo wir eine größere Reflexionsmöglichkeit auf das frühere faktische Verhalten der Kirche bezüglich der Sakramente haben, unbefangener und auch mit praktischem Mut mit einer größeren (stillschweigend oder explizit wahrgenommenen) Variationsbreite im sakramentalen Geschehen rechnen. Wenn wir erklären, daß jede Ehe unter Getauften auch dann ein Sakrament sei, wenn die Ehepartner schlechterdings davon nichts wissen und auch gar nichts wissen wollen, dann ist damit doch gesagt, daß sakramentale Möglichkeiten im Raum der Kirche und letztlich von ihr her gegeben sind, von denen weder die Kirche (im konkreten Fall) noch die Sakramentenempfänger etwas wissen. Warum sollte es nicht auch andere, ähnlich gelagerte Fälle geben? Können nicht religiöse Riten christlicher Art, die in der Dimension oder von ihr her geschehen, in der die verschiedenen Kirchen eben doch noch eins sind, von dem Grundwesen der Kirche her sakramentalen Charakter haben, auch wenn die Kirche davon explizit nichts weiß, auch wenn sie den normalen Bedingungen expliziter Art für die Gültigkeit der Sakramente nicht adäquat entsprechen, vorausgesetzt nur, daß man einen solchen Charakter bei diesem religiösen Geschehen bei Menschen nicht leugnen sollte, wenn sie durch die bona fides und einen heilschaffenden Glauben eben doch mit der Kirche verbunden sind und von ihnen mehr an Normalität dieses religiösen Tuns ernsthaft *nicht* verlangt werden *kann*, auch wenn sie dauernd unter der Verpflichtung leben, dieses religiöse Tun zu „normalisieren", so daß es auch jenen Normen entspricht, die von der Kirche explizit zur Gültigkeit von Sakramenten im Normalfall gefordert werden, so daß ihre Mißachtung, wenn diese in der Öffentlichkeit als malae fidei präsumiert werden muß, diese Riten sakramental ungültig macht?

Man hat sich da und dort bei diesem ganzen Fragenkomplex auf den

Begriff der „Oikonomia“ in der östlichen Theologie berufen. Man hat dann wieder dagegen eingewendet, daß der Begriff, wo er tatsächlich vorkommt und wie er vorkommt, sich nicht auf unsere Frage anwenden lasse. Darf man vermuten, daß unsere Überlegungen Hinweise enthalten, *wie* man diesem Begriff eine theologische Begründung und ein theologisches Gewicht so geben könne, daß er auch für unsere Grundfrage angewendet werden kann? Man hat ja noch keinen theologischen Begriff, wenn man denkt, der liebe Gott werde schon fünfe grad sein lassen, wenn es nicht anders geht.

Wir brechen hier diese theologische Fahrt ins Blaue ab. Wir wollten eigentlich nur Fragen stellen und zeigen, daß vieles noch lange nicht so klar ist, wie man manchmal in einer zu beruhigten und positivistisch denkenden Theologie meint. Diese Überlegungen sind so, daß, wer will und von vornherein seiner traditionellen Meinung sicher ist, nur zu leicht behaupten kann, hier gehe alles wie Kraut und Rüben durcheinander und werde darum nichts „bewiesen“. Wer so denkt, sollte, so meine ich, allerdings auch sein Gewissen prüfen, ob ihm viel daran liegt, daß die Arbeit an der Einigung der Kirchen wirklich konkret weiterkommt und der Wunsch danach nicht nur ein Lippenbekenntnis ist, das heute in den Kirchen nun einmal zum guten Ton gehört. Es sind nur Fragen gestellt. Aber solche, die man ernsthaft erwägen sollte. Selbst wenn man deren Ziel, das hier ja auch nicht verheimlicht wurde, im allgemeinen billigen sollte, sind natürlich viele weitere Fragen noch gar nicht berührt. Nicht nur fehlen hier (wie schon am Anfang gesagt wurde) alle historischen und unmittelbar auf Thesen zielenden Argumentationen. Es fehlen auch viele Differenzierungen, die notwendig wären. Denn es soll natürlich nicht behauptet werden, daß *jedwede* Handlung in *jedweder* christlichen Denomination, die irgendeine Verwandtschaft mit den katholischen Sakramenten hat, auch als Sakrament anzuerkennen sei, und jede Dauerfunktion in jeder christlichen Denomination auch schon ein Amt im Sinne *der* Ämter sei, die in der katholischen Kirche durch eine sakramentale Ordination übertragen werden. Hier wurden nur Fragen gestellt, die selbst nochmals sehr im allgemeinen bleiben. Aber nochmals: Man wird doch noch fragen dürfen.

VI
Andeutung eines systematischen Entwurfs: Trennung als geistgetragenes Unterwegs zur Einheit

Soweit waren meine Überlegungen gekommen. Und damit wollte ich aufhören. Ich gab dann den Text einem Theologen zu lesen, von dessen Kenntnissen und auch persönlichem Verständnis ich große Stücke halte. Dieser aber meinte, ich solle diesem Ganzen, das er – auch in seiner bloßen Aporetik – billigte, dennoch noch einen Schluß hinzufügen, der die wichtigsten Schlußfolgerungen aus dem Gesagten systematisch zusammenfaßt und ausdrücklich aussagt. Gegen einen solchen Wunsch ist *dann* nichts einzuwenden, wenn dadurch der aporetische Charakter der ganzen bisherigen Überlegung nicht verdunkelt wird, d. h. mit anderen Worten, wenn der Leser nicht zur Meinung gebracht wird, es sei sicher, daß alle zur Bildung einer genauen Meinung in der heutigen Ämterfrage notwendigen Daten berücksichtigt worden seien. Das ist schon darum nicht der Fall (wie schon eingangs gesagt wurde), weil wir alle biblischen und dogmengeschichtlichen und kirchenlehramtlichen Untersuchungen, die für ein solches Schlußurteil notwendig wären, gar nicht angestellt haben. Wenn also hier in einem eigentlichen Sinn gar kein zusammenfassendes, „synthetisches" Grundurteil zur Ämterfrage geboten werden kann und so etwas hier grundsätzlich unmöglich ist, so ist der geäußerte Wunsch dennoch nicht einfach sinnlos. Er kann dahin verstanden werden, daß nochmals deutlich gemacht wird, was sich aus den zunächst doch sehr disparat erscheinenden Einzelüberlegungen als Grundvorstellung über das kirchliche Amt ergibt, *wenn* einmal vorausgesetzt wird, andere, nicht betriebene und dennoch viel grundlegendere (exegetische und kirchenlehramtliche) Überlegungen würden dem Gesamtresultat *dieser* hier vorgetragenen Gedanken nicht schlechthin widersprechen müssen. Unter dem Vorbehalt also, daß es sich auch bei dieser Zusammenfassung um eine aporetisch bleibende „Systematisierung" handelt, möchte ich doch dem nachträglich an diese Untersuchung herangetragenen Wunsch zu entsprechen suchen. Wenn dabei der eine oder andere Gedanke mitlaufen sollte, der bisher noch gar nicht ausdrücklich bedacht wurde, so scheint mir das nicht gegen, sondern für diese „Synthese“ zu sprechen.

Die Kirche ist das „Sakrament für das Heil der Welt“. Das wird überall fromm und eindringlich gesagt. Dabei ist doch auf jeden Fall eine „Welt“ gemeint, die nicht einfach mit der Kirche identisch ist, sondern, äußerlich, geschichtlich und soziologisch betrachtet, außerhalb ihrer steht. Sonst wäre der Satz ja eine Tautologie: Die Kirche ist (in ihrem gesellschaftlich-geschichtlichen Bereich) das Zeichen des Heiles, das sich in ihr abspielt. Die Kirche muß also ein Zeichen des Heiles für die außerkirchliche Welt, für Welt und Geschichte überhaupt sein. Daß sie dabei nicht das als solches ausdrücklich anerkannte Zeichen für dieses Heil bei dieser Welt ist und sein kann, ist selbstverständlich, denn sonst wäre ja diese Welt nicht mehr „außerkirchlich“. Es muß sich, soll der Satz eine wirkliche Bedeutung haben, um ein in irgendeinem Sinn „wirksames Zeichen“ handeln. Wäre dem nicht so, dann könnte man sich doch diese Zeichenhaftigkeit der Kirche, ihren Hinweischarakter auf das Heil der Welt nur noch dadurch denken, daß sie *erklärt,* die Welt stehe so unter dem Heilswillen Gottes, daß auch Menschen, die ihr nicht angehören, das Heil erlangen können und erlangen werden. Eine solche Erklärung ist zu ihrem Wesen nachträglich. Durch ihr Wesen aber ist sie Sakrament des Heiles der Welt. Sie würde sonst auch ein Heil verkündigen für die außerchristliche Welt, das gar nicht ihres wäre; das Axiom „extra ecclesiam nulla salus“ hätte einen angebbaren *universalen* und *positiven* Sinn verloren. Es muß einfach so sein: weil und insofern wirkliche und wirksame Selbstmitteilung Gottes in seinem Geist (als Glaube, Hoffnung und Liebe) immer und überall die innerste Entelechie der Weltgeschichte ist, ist überall Heil möglich *und* ist Kirche als die geschichtliche Greifbarkeit *dieses* Heilswillens Gottes *und* seiner geschichtlich gewordenen Irreversibilität in Christus, dem Gekreuzigten und Auferstandenen, und der damit notwendig gegebenen Glaubensgemeinde an dieses eschatologische Ereignis. Die Kirche hat von daher den eschatologisch eigentümlichen Zeichencharakter: das Zeichen ist, *weil* es das Bezeichnete *gibt* und es sich ereignet, und dieses Zeichen ist nicht nur nachträgliche Verlautbarung des Bezeichneten, sondern wirksames Zeichen, weil das Bezeichnete sich mit dieser seiner geschichtlichen Greifbarkeit ereignet. Dabei darf die Komplexheit der Wirklichkeit Kirche nicht übersehen werden: sie ist die Gegenwärtigkeit des die Welt siegreich rettenden Geistes *und* die gesellschaftliche (wort- und sakramenthafte) geschichtliche Greifbarkeit dieser Gegenwart des Geistes in der Welt. Beide Momente sind nie identisch und nie schlechthin voneinander trennbar; sie haben aber, gerade wenn die Kirche das Sakrament des Heils der *Welt* sein soll, ein gestuftes, variables Verhältnis zueinander, das nicht einfach dort schon aufhört, wo die Kirche in einem vollen gesellschaftlichen Sinn „aufhört“, sondern auch noch über eine solche Grenze hinaus und über sie hinweg gegeben bleibt. Sonst wäre ein Heil *aller* durch die Kirche, eine Taufe durch einen Ungetauften, das Zeugnis des Glaubens durch einen „Martyrer“, der noch nicht getauft ist, das *Hören* des Schriftwortes durch einen noch Ungetauften, das doch als Wort Gottes im Pneuma gehört wird (also mehr ist als die Predigt selbst), die Erfahrung des gnadenhaften Geistes und das Zeugnis darüber usw. „außerhalb“ der Kirche gar nicht denkbar. Wer die Selbstmitteilung Gottes in seinem Geist (in Korrektur zum Bellarminischen Kirchenbegriff) mit dem II. Vatikanum zu den Konstitutiven der Kirche selbst zählt, für den ist zwar das volle Gesellschaftliche (Hierarchische) der Kirche nicht überall gegeben, der kann aber dennoch nicht alles, was außerhalb der „Kirche“ (in dieser ihrer streng gesellschaftlich bischöflich-päpstlichen Strukturierung) geschieht, nichtkatholisch (und doch gnadenhaft) nennen. Wo Gnade ist, ist sie auch, wenn auch in verschiedener Ausdrücklichkeit und Greifbarkeit, kirchlich. Das leugnen wäre ein Rückfall in einen überholten Kirchenbegriff, in dem der Geist nicht zum Wesen der Kirche gehört, oder setzte die Meinung voraus, solcher Geist habe nur da und dort, nicht aber überall eine Wesensbeziehung zu seiner geschichtlich-gesellschaftlichen Erscheinung im Kirchlichen. Insofern der Geist zur Kirche gehört *und* doch überall wirksam ist, wo Heil geschieht, kann man sagen, daß die Kirche (als Einheit von Geist und Zeichen) „ausstrahlt“ und ausstrahlend auch dort noch wirksam ist, wo sie nicht in ihrer vollen gesellschaftlich geschichtlichen Struktur handelt, nachweisbar und greifbar ist. So etwas mag schwierig zu greifen und noch schwieriger auszusagen sein. Aber diese Schwierigkeit kann nur der billig beheben, der entweder den Satz von der Heilsnotwendigkeit der Kirche für alle oder den Satz von der Heilsmöglichkeit aller überall (auch „außerhalb" der Kirche) nicht ganz ernst nimmt oder die Koexistenz dieser beiden Grundsätze sich zu billig (z. B. durch die Berufung auf ein rein „existentielles" und „privates" Votum, das Kirche durch Wunsch nach Kirche, und zwar durch einen gänzlich „impliziten", im Bewußtsein des Menschen als solchen gar nicht existierenden, sondern nur interpretativen ersetzt) versöhnt. Diese *ihre* aus ihrem Wesen (= Geist) sich ergebende Ausstrahlungskraft kann die Kirche gar nicht aufheben, sie nicht durch ein willkürliches Dekret „abstoppen". Sie *ist* das Sakrament des Heiles der *Welt* und muß es sein. Bei einer genaueren Überlegung könnte man zeigen, daß jeder Heilsakt, wo immer er auch „außerhalb" der Kirche getan wird, eine geschichtlich-leibhafte und gesellschaftliche Seite hat (weil es in einem metaphysisch-anthropologischen Sinn gar keine rein „innerlichen" und rein „privaten" Akte geben kann und eine dahin gehende Unterscheidung unter den menschlichen Akten eine zwar empirisch sinnvolle, aber sekundäre Bedeutung hat), also in einem weitesten Sinn immer noch „kirchlich" ist, weil er die Macht des Geistes Gottes geschichtlich in Erscheinung treten läßt, des Geistes, der eben diese seine *volle* Erscheinung in dem findet, was man Kirche schlechthin zu nennen pflegt.

Das gilt nun alles erst recht und in einem ganz spezifischen, qualitativ eigenen Sinn dort, wo sich „außerhalb" der Kirche Kirchliches im engeren Sinn ereignet (Existenz und Verkündigung des geschriebenen Wortes Gottes, Sakramente, Zeichen, die mindestens Sakramente Christi sein wollen, Geschehnisse, in denen sich Christen *als* solche zur Gemeinde Christi mindestens einmal organisieren *wollen* usw.). Solches *ist* (wenn auch in verschiedenem Grad und verschiedener Weise) wirklich kirchlich. Man kann solchen Geschehnissen das Prädikat „kirchlich" nicht verweigern, wenn die römisch-katholische Kirche diesen Vergesellschaftungen, in denen solches geschieht, das Prädikat „Kirche" zuspricht. Und wenn und wo sie einer solchen christlichen Gemeinschaft das Prädikat „Kirche", aus welchen Gründen immer, nicht zuerkennen will (Lumen gentium, Nr. 15), nennt sie solche Gemeinschaften „communitates *ecclesiasticae*, hat also selbst in solchen Fällen gegen den Begriff „kirchlich" nichts einzuwenden.

„Kirche" und „kirchlich" können dabei aber nicht verstanden werden als *Allgemein*begriffe, die einen multiplizierbaren, soziologisch-geschichtlichen Inhalt nennen, der in verschiedenen Vergesellschaftungen als solchen empirisch gegeben ist, noch können diese Begriffe in „Lumen gentium" als darum verwendet verstanden werden (allein), weil sich diese Vergesellschaftungen selbst diese Begriffe zusprechen und man sich friedlich diesem ihrem Sprachgebrauch anpaßt. Letztlich sind „Kirche" und „kirchlich" Worte, die es nur in der Einzahl gibt und geben kann. Eben als Auswirkungen jenes der Welt mitgeteilten einen Geistes Gottes, dessen Auswirkungen eben dort, wo sie in geschichtlich-gesellschaftlicher Gestalt auftreten, „kirchlich" sind. Diese Auswirkungen können verschiedene Grade und Intensitäten haben (sie haben sie ja auch in der katholischen Kirche: erste Verkündigung z. B. des Wortes Gottes bis zur Eucharistie und zur vollen Ausfaltung des Amtes in der Kirche in den verschiedenen hierarchischen Stufen). Solche kirchlichen Wirklichkeiten dürften nicht kirchlich genannt werden, wenn sie als einzelne durch eigene *Schuld* der diese Wirklichkeiten Setzenden sich abschließen würden *gegen* jene geschichtlich-gesellschaftliche Präsenz des heilschenkenden Geistes Christi in der Welt, in der *alle* solche Momente (wenigstens grundsätzlich) versammelt sind und die wir Katholiken in der katholischen Kirche mit und samt ihrer bischöflichen und petrinischen Verfassung erkennen. Dort aber, wo solche, wenn auch partiellen, aber im Vergleich zu den unter Umständen fehlenden, viel entscheidenderen Teilauswirkungen des Geistes (bis zu eigentlich organisierter Gesellschaftlichkeit) ohne ein Nein zur „ganzen" Kirche gegeben sind (in einem Nein, das schuldhaft ist oder als solches in den gegebenen Situationen im menschlichen Handeln präsumiert werden muß), da ist ein Stück der einen Kirche in Einzahl und nicht eine Kirchlichkeit gegeben, die zwei oder mehrere Kirchen im Plural konstituieren würde. Das Gegenteil behaupten würde bedeuten, daß man entweder leugnet, daß diese Wirklichkeiten vom Geist gebildet sind (oder sein können) (und wer würde das heute noch zu sagen wagen im Zeitalter des Ökumenismus?), oder der würde leugnen, daß der eine Geist in allen seinen Äußerungen und geschichtlichen Präsenzen auf die *eine* Kirche hindrängt.

Mit dieser Sicht ist keineswegs jene vom katholischen Lehramt abgelehnte Theorie vertreten, derzufolge die eine Kirche aus den vielen Kirchen als einfach gleich-gültigen Teilen wie den Zweigen eines einen Baumes besteht. Schon darum nicht, weil ja dann eine Einheit der Kirche gar nicht mehr gebildet werden müßte oder höchstens eine profan-soziologische Frage wäre, die das theologische Wesen der Kirche gar nicht berührt. Und die hier angedeutete Meinung geht ja gerade darauf hinaus, daß der *eine* Geist zwar (nach einer zunächst einmal einfach als Tatsache hinzunehmenden Providenz Gottes, die dort, wo es sich nicht um Schuld handelt, notwendig *positiv* zu verstehen ist und nicht bloß „zulassend") zunächst gesellschaftlich noch nicht zur vollen Einheit gelangte geschichtliche Selbstpräsenzen in der Welt schafft, aber natürlich als der eine dabei will, daß diese Präsenzen sich zu einer kirchen-gesellschaftlichen Einheit vereinen, was sowohl Gegenstand dieser göttlichen Providenz ist, deren Zeiten und Wege wir nicht voraussehen können, wie auch Aufgabe der Christen, die an verschiedenen Punkten der Menschheit und ihrer Geschichte von diesem einen Geist bewegt werden und dort, wo sie diesen Geist schon als Geist Jesu erkennen und anerkennen, auch schon ein Stück Kirche bilden und kirchlich handeln. Weil die wirkliche oder in dem früheren Handeln präsumtiv vorauszusetzende Schuld der „Spaltungen" nicht unsere heute ist und von uns gar nicht mehr wirklich beurteilt werden kann (nicht nur nicht in Vorwegnahme des Gerichtes Gottes, was selbstverständlich ist, sondern auch nicht mehr in jener Weise, in der bei Beginn der Spaltung die Menschen ein Urteil gar nicht vermeiden konnten, weil sie so oder so handeln mußten), weil wir für die Gegenwart, die unsere ist, gegenseitig Schuld nicht präsumieren in dem Weiterbestehen der Spaltung und weil wir auf die Zukunft der Kirche ausgerichtet sein müssen (sonst müßten wir verzweifeln und wären nicht die, die auf die Wiederkunft des Herrn warten), darum muß die „Spaltung" von der Gegenwart auf die Zukunft hin theologisch gedeutet werden. Dann aber kann man unbefangen sagen, daß der Geist Gottes überall in der Welt Kirchliches bildet und schon gebildet hat, das er weiter auf dem Weg zur vollen Einheit bewegt. Damit ist keine volle „Gleichberechtigung" dieser „Kirchlichkeiten" behauptet. Eine solche erkennen sich ja die verschiedenen evangelischen und orthodoxen Kirchen auch gegenseitig nicht einfachhin zu, wenn sie jeweils ihr Bekenntnis ernst nehmen. Wenn also die katholische Kirche das Bischofsamt und das Petrusamt in einer auch geschichtlich greifbaren

Legitimität der Nachfolge (Sukzession) als zur vollen Gestalt der Kirche notwendig gehörend betrachtet, dann erklärt sie eine Lehre, der andere Christentümer widersprechen werden, aber sie tut formal nichts, was nicht auch andere Christen tun, wenn sie in „getrennten" Kirchen leben und diese Getrenntheit nicht als eine bloß historische, theologisch und glaubensmäßig aber belanglose Zufälligkeit betrachten.

Wenn es daher Ämter und mindestens sakramental (wenn auch vielleicht ohne das Wort selbst) sein wollende Vollzüge in diesen „getrennten" Kirchen gibt, warum sollen sie oder wie könnten sie nicht nur als Vorkommnisse und Gegebenheiten betrachtet werden, in oder bei Gelegenheit deren der Geist Gottes wirkt (was heute niemand mehr grundsätzlich bestreitet), sondern auch selbst *als* vom Geist bewirkte (wenn auch auf die Einheit hin)? Wenn aber dies, warum sollten dann diese Ämter grundsätzlich nicht als legitim (mit dem Vorbehalt ihrer Hingeordnetheit auf eine Einheit und Integration in der ganzen einen, auch petrinischen Kirche) betrachtet werden, warum sollten sakramental sein wollende Vollzüge, als vom Geist begleitet *und* auch als solche bewirkt, nicht als sakramental betrachtet werden? Wenn man sie dennoch nicht sakramental nennen will, weil sie die volle Einheit mit dem Ganzen der kirchlichen Geistpräsenz in der Dimension der Gesellschaftlichkeit nicht haben, dann setzt man voraus, was zu beweisen wäre, daß nämlich nur durch eine kirchliche Anerkanntheit mittels eines expliziten Aktes der Kirche die Sakramentalität eines mit Geist sich ereignenden und *von* ihm bewirkten Vorgangs und nicht auch durch eine implizite (immer gegebene oder wenigstens mögliche) Anerkennung ein Sakrament gegeben sein könne, oder man nimmt eine letztlich willkürlich bleibende Sprachregelung und Begriffsfestsetzung vor, über die es sich höchstens insofern zu streiten lohnen könnte, daß dann ernsthaft gefragt werden muß, ob eine solche Sprachregelung nicht darum abzulehnen ist, weil sie zwar nicht unmöglich und nicht in sich Falsches aussagend ist, aber doch ungebührlich Tatbestände verdunkelt, die wichtiger sind als die Einschärfung der in sich richtigen Forderung, daß Ämter und Gnadenzeichen, die vom Geist bewirkt sind, auch in voll greifbarer Beziehung zu jenen Momenten stehen sollten, die wir katholische Christen als zum Ganzen der Kirche gehörend glauben. Und nie darf bei allen solchen Überlegungen vergessen werden, daß dem Geist Gottes nicht darum schon das Bewirken dieser Wirklichkeiten abgesprochen werden kann und darf, weil *früher* einmal das ihnen spezifisch, aber nicht zahlenmäßig Gleiche in einer nichtseinsollenden Weise (mit Schuld auf beiden Seiten oder ohne Schuld oder mit beidem) in der Dimension des kirchlich Gesellschaftlichen von dem einen Ganzen der vollen Geistpräzenz in der Welt losgelöst worden ist, und diese heutigen Wirklichkeiten einen geschichtlichen Zusammenhang mit diesem Früheren haben. Weil heute der eine Geist all diese Wirklichkeiten (von Gnadenzeichen und „Ämtern") in einer in bestimmter Hinsicht „zerstreuten" Weise als noch getrennte bewirkt mit einer Dynamik auf eine volle Einheit hin, darf man darum noch nicht sagen, sie seien gar nicht als solche vom Geist bewirkt?

Warum sollen also solche Ämter und solche Gnadenzeichen nicht legitim genannt werden dürfen? Noch-nicht-zu-ihrem-eigenen-vollen-Wesen-Gekommensein in der Dimension des gesellschaftlich und kirchlich Greifbaren wird ja von niemandem bestritten in der Christenheit, soweit sie überhaupt die volle Einheit der Christen als eine noch unerfüllte Aufgabe der Kirchen anerkennt. Umstritten ist nur, wie genau diese volle Einheit nach dem Willen Christi und Gottes aussehen muß. Aber da diese Getrenntheit und dieses Noch-nicht-zu-seinem-vollen-Wesen-Gekommensein heute wenigstens nicht als schuldhaft präsumiert werden muß und so auch in der Praxis nicht präsumiert wird (mindestens was die kirchlich-gesellschaftlichen Größen angeht), so gibt es keinen Grund, diese Wirklichkeiten nicht als geistbewirkt anzuerkennen und sie darum auch legitim und sakramental zu nennen. Man darf nicht übersehen, daß ein Nichtseinsollendes (von Gottes Willen her) ganz verschiedener Natur sein kann. Wo es unmittelbar schuldhaft gegen Gottes Willen und Gebot entsteht, ist ein ganz anderes Nichtseinsollen gegeben als in den Fällen, in denen dies nicht gesagt werden kann. Wo ein „Nichtseinsollendes" entweder nur mittelbar ein schuldiges Nichtseinsollendes geschichtlich zur Voraussetzung hat oder einfach einer, wenn auch nach vorne in der Zukunft zu überwindenden Unvollkommenheit, d. h. dem geschichtlichen Werdecharakter der Menschen entspringt, da sind auch solche „nichtseinsollenden" Wirklichkeiten *positiv* von Gott gewollt, sie können also je nach ihrem bestimmten Wesen als von Gott bewirkt verstanden werden. (Unser Tod z. B. mag aus der Ursünde entspringend gedacht werden und von daher ein Nichtseinsollendes sein, das in der Zukunft zu überwinden ist, er kann und muß dennoch als positiv von Gott bewirkt und mit einem positiven Sinn begabt verstanden werden.)

Alle bisherigen Überlegungen gingen von einem spezifisch katholischen Gesichtspunkt und Ausgangspunkt aus. Der evangelische Christ und Theologe mag daher den Eindruck haben, es werde nicht nur von Voraussetzungen aus, die er gar nicht teilt, Legitimität von Ämtern und Sakramenten bei ihm mühsam zu verstehen und zu rechtfertigen versucht, sondern es sei hier auch das Bestreben am Werk, gewissermaßen seine Ämter und Sakramente für die katholische Kirche zu „vereinnahmen", was er strikt ablehnen müsse. Über dieses denkbare Mißbehagen muß schließlich noch einiges – noch einmal – gesagt werden. Zunächst einmal was den ersten Teil dieser Frage angeht:

Wenn und insoweit sich die Theologien der getrennten Kirchen noch voneinander unterscheiden, ist es gar nicht vermeidbar und darf von der anderen Seite nicht getadelt werden, daß jede Seite *von* ihrem eigenen Standpunkt *aus* Wirklichkeit und Selbstverständnis der anderen Kirche zu verstehen und deren Sachverhalten nahezukommen versucht. Das geschieht darum selbstverständlich von Voraussetzungen aus, die die andere Seite nicht teilt und der daher ein solches Bemühen als umständlich, mühselig und vertrackt Dinge zu beweisen versuchend erscheinen muß, weil Selbstverständlichkeiten (für die andere Seite) mit Nichtselbstverständlichkeiten der ersten Seite gerechtfertigt werden sollen. Gegen so etwas ist kein Kraut gewachsen, solange man nicht in allen eigentlichen Grundprinzipien deutlich und ausdrücklich einig ist. Jede Seite muß da mit der anderen Seite Geduld haben, wenn sie den Brückenschlagsversuch von der anderen Seite her als umständlich empfindet, wo sie doch unbeschwert sich schon auf dem richtigen Ufer stehend empfindet. Natürlich kommt einem evangelischen Christen sein Abendmahl als selbstverständlich gültige und legitime Erfüllung des Auftrages Jesu vor, über die im Ernst gar nicht zu streiten ist. Aber dem Katholiken kommt es von seinen Voraussetzungen aus eben *nicht* selbstverständlich vor, und er muß sich erst in einem langen Reflexionsprozeß, in dem erst seine eigenen Voraussetzungen sowohl gültig bleiben, als auch fruchtbar für die Frage gemacht werden und ihn so zu einer positiven Würdigung der Auffassung des evangelischen Christen führen, sich einen Weg bahnen.

Der zweite Teil des Einwandes (der Vorwurf einer typisch katholischen „Vereinnahmung") bedarf einer etwas ausführlicheren Würdigung. Es ist klar und muß vom evangelischen Christen zunächst einmal einfach als eine Tatsache notiert werden, daß für ein katholisches Kirchenverständnis das Petrusamt und eine bischöfliche Struktur der Kirche zum vollen Wesen der Kirche Christi gehört und daß nach demselben Verständnis der römisch-katholischen Kirche keine Momente in ihr fehlen, die in einer organisatorisch gemeinten Weise zur Kirche Christi gehören müssen und doch von der katholischen Kirche ausdrücklich nach ihrem eigenen Selbstverständnis absolut ausgeschlossen würden. In diesem Sinn „subsistiert" für das katholische Kirchenverständnis die Kirche Christi in der römisch-katholischen Kirche. Diese Position schließt natürlich nicht die Behauptung ein, daß jedwedes Moment, das in der Kirche Christi gegeben sein soll und das sie aktualisieren soll, in ihrer Geschichte in genügender Aktualität, Deutlichkeit und geschichtlicher Greifbarkeit und besser als in allen anderen Kirchen gegeben sei, sie also durch eine Einigung mit anderen Kirchen nicht besser Kirche Christi, sondern nur quantitativ größer würde. Wenn die Kirchen und somit auch die römisch-katholische Kirche zu einer Einheit kämen, würde auch die katholische Kirche zu einer größeren Verwirklichung ihres eigenen Wesens kommen, und in diesem Sinn würde eine neue, andere Kirche werden. In *dem* Sinn also, in dem sie sich als *die* Kirche versteht, in der die Kirche Christi „subsistiert", kann sie nicht umhin, alles Christliche in der Welt auf sich zu beziehen, als Elemente zu betrachten, die eine innere Tendenz haben, auch geschichtlich und greifbar in sie, d.h. in die Kirche der Zukunft, die sie antizipativ *ist*, integriert zu werden. Darin liegt natürlich ein konfessioneller Dissenspunkt zur evangelischen Theologie, auch wenn das nochmals genauer formuliert werden müßte, als es hier geschehen kann. Aber das hat mit einer „Vereinnahmung von anderen Kirchen" durch die katholische Kirche nichts zu tun.

Der Grund ist eigentlich einfach: Unsere ganzen Überlegungen gingen ja letztlich von dem durch das Christusereignis endgültig und siegreich an die Welt mitgeteilten Geist Gottes aus; durch diese Mitteilung ist eine Realität in der Welt gegeben, durch die für unsere Frage die Lösung aller Ämter- und Sakramentenfragen nicht mehr bloß in dem Postulat eines Willens und Dekretes Gottes besteht, durch das

– an sich in Gott jenseitig verborgen – er doch willens ist, Gnade zu geben, wo Sakramente, Ämter und Kirchen nicht oder nicht legitim gegeben sind. *Dieser* Geist macht sich zwar in einer (in bestimmter Hinsicht) vollen Weise nach katholischem Kirchenverständnis geschichtlich, institutionell und sakramental durch die katholische Kirche präsent in der Welt, aber *er* wirkt das andere Christliche in der Welt und den Kirchen selbst. Er wirkt es als auf die eine Kirche der Zukunft dynamisch hingeordnet, die nach katholischer Überzeugung auch noch die bischöfliche und petrinische und in einer legitim in Sukzession auf die erste Kirche zurückgehende römisch-katholische Kirche sein wird. Aber der Geist wirkt dieses außerkatholisch Christliche, das – immer unter dem selbstverständlichen Vorbehalt dieser Dynamik auf die zukünftige Kirche hin – kirchlich, legitim und *darum* auch katholisch ist. Es liegt da ein Verhältnis vor, das analog ist dem Verhältnis, das auch bei den innerhalb der in der katholischen Kirche gespendeten Sakramenten besteht: weil sie „pneumatisch" sind (mindestens einmal in der Weise eines Angebotes der Gnade an die Freiheit des Menschen, z. B. bei einem sacramentum validum, etsi infructuosum), sind sie auch kirchlich, und nicht *nur* umgekehrt: weil sie kirchlich sind, sind sie auch pneumatisch, gnadenwirkend. Dieses zweite Begründungsverhältnis besteht auch. Aber das erste ist selbstverständlich das Primäre (genau wie der Heilswille Gottes in seiner pneumatischen Selbstmitteilung an die Welt primär die Christuswirklichkeit bewirkt, obwohl auch gesagt werden kann: Weil Christus ist, ist Gnade in der Welt). Das zweite Verhältnis darf nicht geleugnet werden, will man die Sakramente nicht ihrer (instrumental oder wie immer genannten) Wirksamkeit berauben. Aber dieses zweite Verhältnis (Gnade, *weil* Sakramente und Kirche) darf das erste Verhältnis nicht aufheben oder leugnen, sondern ist in ihm selbst begründet. Wie man unter Wahrung des ersten Verhältnisses das zweite bewahren und noch verständlich machen kann, ist bis heute eine dunkle Frage, wie ein Einblick in eine bessere katholische Sakramententheologie zeigt an der Stelle, wo diese über die Wirksamkeit und -weise der Sakramente handelt. (Auch bei Thomas ist die Sache nicht sehr klar.)

Am besten wird man wohl sagen: Die Wirksamkeit der Sakramente (und, können wir mutatis mutandis hinzufügen, die Legitimität der Ämter) ist letztlich die Wirksamkeit des „Zeichens" *als* eines solchen, die Effizienz der Sakramente ist nicht eine Eigentümlichkeit des Sakraments, die als eine zweite *neben* seinem Zeichencharakter steht, sondern die in diesem Charakter als solchem selbst gegebene Effizienz. Die Gnade wird durch das Zeichen bewirkt, indem und insofern *sie* ihre geschichtlich-gesellschaftliche kirchliche Präsenz als ihre eigene Verleiblichung schafft, wird gewirkt, indem sie ihre Präsenz in der Dimension der Geschichte und der Kirche wirkt. Wenn und insofern es also legitime Ämter und gültige Sakramente „außerhalb" der katholischen Kirche gibt, so werden sie nicht durch diese konkrete Kirche vereinnahmt, sondern es wird nur gesagt, daß diese Ämter und Sakramente als geschichtlich-kirchliche Verleiblichungen des Geistes eine innere Hinordnung vom Geist her auf diese Kirche hin haben, die nach katholischem Kirchenverständnis die „volle" Verleiblichung dieses Geistes ist und so, wo er weht, Kirchlichkeit schafft, auch wenn diese jetzt noch zerstreut auf eine volle Einheit mit aller Kirchlichkeit ausgerichtet und hinbewegt wird. Wenn der evangelische Christ und Theologe von der Notwendigkeit einer noch zu schaffenden *einen* Kirche überzeugt ist und in der katholischen Kirche auch gültige Ämter und richtig Sakramentenverwaltung anerkennt, in ihr nicht bloß eine Synagoge des Satans sieht, dann kann er im letzten über diese zerstreuten Kirchlichkeiten auch nicht anders denken, auch wenn er der Meinung ist, in dieser vereinten Kirche aus diesen kirchlichen Zerstreutheiten müsse eine petrinische und bischöfliche Struktur auf jeden Fall mindestens nicht *so* gegeben sein, wie sie nach katholischem Kirchenverständnis gegeben sein müssen. Wenn also in der hier als Frage aufgestellten Theorie ein evangelischer Theologe eine ungeziemliche „Vereinnahmung" seiner Ämter und Sakramente durch die katholische Kirche sehen wollte, dann müßte gesagt werden, daß er gar nicht anders kann, als umgekehrt auch so zu verfahren, wenn er an die *eine* Kirche (ob als Gegenwart oder Zukunft) glaubt *und* echt Kirchliches auch in der katholischen Kirche zugesteht. Will man schon von „Vereinnahmung" reden, dann kann höchstens die Frage sein, wer wen legitim „vereinnahmt".

Anhang

Exkurs
Über Interkommunion

I. Methodisches

1. Die Frage über die Interkommunion zielt auf ein Geschehen in der Kirche, das sehr komplex ist. Die Kirche, ihre Amtsträger, ihre Gläubigen mit der sehr komplexen und sehr variierenden Gläubigkeit und Kirchlichkeit dieser Gläubigen, die Angehörigen anderer christlicher Konfessionen, Kirchen und kirchlichen Gemeinschaften, das sakramentale Geschehen mit seinen vielen Dimensionen eines privaten Heilsgeschehens und eines spezifisch kirchlichen Vorgangs und vieles andere sind bei der Frage der Interkommunion gegeben. Kein Wunder, daß eine solche Frage sehr schwierig ist. Dazu kommt, daß es nicht leicht zu sagen ist, welche Verbindlichkeit theologischer Art die Praxis und die Entscheidungen der Kirche vergangener Zeiten in dieser Frage sind, zumal immer wieder die Frage gestellt werden kann im ganzen Bereich des Sakramentalen, ob eine kirchliche Handlungsnorm bezüglich der Sakramente einen sakramentalen Sachverhalt voraussetzt oder ihn gerade schafft. Gerade die kirchlich-gesellschaftliche Seite der Sakramente ist als gesellschaftliche so, daß ihr Sinn, ihre Legitimität und ihr Gewicht mitbestimmt werden durch Voraussetzungen und Horizonte, die in der üblichen Sakramententheologie gar nicht reflektiert werden, aber für Sinn und Legitimität der Sakramente mit konstitutiv sind und sich unbemerkt in einem geschichtlichen Prozeß wandeln können, so daß die alten Normen über die sakramentale Praxis immer wieder revidiert werden müssen, auch wenn die „Substanz" der Sakramente immer erhalten bleiben muß. Schließlich müßte man auch immer von einem geklärten Begriff von dem, was Offenbarung wirklich ist, her immer aufs neue die Frage nach dem Sinn der Sakramente neu stellen, und es würde sich dann von daher noch einmal zeigen, daß sehr

viel *mehr*, als man gewöhnlich denkt, bei den Sakramenten der Verfügungsgewalt der Kirche anheimgegeben ist und so grundsätzlich wandelbar bleibt, auch wenn man eventuell damit rechnen muß, daß frühere Entscheidungen der Kirche auf dem Gebiet der Sakramente, obwohl einst kontingent getroffen, doch für später irreversibel sind[1].

2. Angesichts der eben gemachten Andeutungen scheint es methodologisch angebracht und die einzig wirklich erfolgversprechende Methode zu sein, wenn man in der Frage der Interkommunion von der heutigen Praxis der Kirche ausgeht. Andernfalls ist man in dieser Frage in der höchsten Gefahr, ideologisch Prämissen zu statuieren, die im Grunde doch nur eindeutig für die gestellte Frage etwas austragen, wenn man von der Richtigkeit der Konklusion stillschweigend schon überzeugt ist, so ähnlich wie es in der üblichen Moraltheologie nur zu oft vorkommt, daß man nachträglich eine spekulative Begründung eines Satzes, von dem man schon überzeugt ist, liefert mit der Behauptung, die Argumentation wäre sicher und gäbe den fraglichen Satz auch dann her, wenn man von seiner Richtigkeit noch nicht überzeugt wäre. Natürlich ist die Berufung auf die Praxis der Kirche heute ein in etwa auch problematisches und gefährliches Unterfangen. Denn man kann ja nicht a priori sicher ausschließen, daß in der Praxis der Kirche, wie die Geschichte zeigt, viele Mißbräuche und Abirrungen vorkommen können, die sogar gesetzlich gefaßt und institutionalisiert werden. Solche Abirrungen vom eigentlich Geforderten können durchaus weitverbreitet sein und lange dauern. Andererseits aber ist ein doppeltes zu bedenken: Gerade auf dem Gebiet des Sakramentalen, also eines gesellschaftlichen Zeichens, ist es durchaus so, daß die gesellschaftliche Praxis der Kirche für vieles an Sinn und Tragweite eines solchen Zeichens konstitutiv ist, d.h., diese Zeichen nicht bloß die Realisation eines von der Offenbarung allein herkommenden unwandelbaren Wesens sind. Diese Tatsache, die man grundsätzlich nicht bestreiten kann, vermindert doch sehr erheblich die Gefahr, daß die Praxis der Kirche auf diesem Gebiet etwas Wesenswidriges tut. Ferner ist zu bedenken, daß bei einer solchen Praxis die Kirche mindestens in ihrem höchst gewichtigen obersten Repräsentanten aus einem globalen, unreflexen Vorverständnis handelt, das doch mindestens ebensoviel, ja

[1] Vgl. *K. Rahner*, Schriften zur Theologie V (Einsiedeln ²1965) 249–277.

mehr Gewicht hat als das Vorverständnis des einzelnen, gegen diese Praxis argumentierenden Theologen, das, gleichgültig, ob er es zugibt oder nicht, reflektiert oder nicht, in seiner theologischen Argumentation mit am Werke ist.

3. Wir haben also trotz aller Bedenklichkeiten theologisch das Recht, von der heute gegebenen Praxis der Kirche auszugehen und bis zum Beweis des Gegenteiles in dieser Frage zu präsumieren, daß, was die Kirche faktisch tut, von ihr auch theologisch legitim getan wird. Eine solche Präsumtion braucht sich nicht auf alle Einzelheiten dieser Praxis gleichmäßig zu erstrecken. Es ist durchaus möglich, daß in den praktischen Einzelnormen, die in unserer Frage von der Kirche erlassen werden, Spannungen untereinander gegeben sind, ja vielleicht sogar Widersprüche, die nicht spekulativ zur Auflösung gebracht werden können, sondern schlicht anerkannt werden müssen mit der Forderung nach einer besseren widerspruchsfreien Normengebung. Wir setzen also nur voraus, daß im großen und ganzen diese Praxis ihre Legitimität in sich trägt. Eine so begrenzte Präsumtion ist auch darum in unserer Frage wichtig, weil es ja durchaus nach den gegebenen Andeutungen so sein kann, daß die Kirche in bestimmten Fällen eine Interkommunion von bestimmter Art verbietet, noch verbietet, die sie gestatten müßte oder wenigstens könnte, wenn sie den inneren Prinzipien konsequent treu bleibt, die sie in einem anderen Falle unreflektiert anerkennt, in dem sie eine Interkommunion erlaubt.

4. Die Methode, die hier befolgt werden soll, ist darum dennoch nicht die bloße Berufung auf konkret ausgesprochene Handlungsnormen der Kirche in dieser Frage oder deren bloß äußerliche Systematisierung. Es handelt sich vielmehr darum, diese faktisch geltenden Normen auf die, wenn auch unreflex ihnen einwohnenden Prinzipien zu befragen, diese faktischen Normen also auf letztlich eines und einleuchtendes Prinzip zu reduzieren und von da aus dann wiederum die Frage zu stellen, ob ein solches Prinzip, richtig angewendet, nicht auch weitere konkrete Handlungsnormen für anders gelagerte Fälle hergibt.

II. Grundanalyse der faktisch gegebenen kirchlichen Handlungsnormen bezüglich der Interkommunion

1. Wir behandeln aus praktischen Gründen nur die Zulassung nicht-katholischer Christen zur vollen Teilnahme an der katholischen Eucharistiefeier.

2. Die faktischen Normen in dieser Frage können in einer für unsere Zwecke wohl genügenden Weise auf folgende Generalnormen zurückgeführt werden:

a) Die Kirche verwirft eine allgemeine und bedingungslose Zulassung nicht-katholischer Christen, auch wenn sie getauft sind, zur vollen Eucharistiegemeinschaft, bevor sie in einer rechtlich greifbaren Weise als einzelne oder als kirchliche Gruppe Mitglieder der katholischen Kirche geworden sind nach den Prinzipien, die für die volle Kirchenmitgliedschaft gelten. Diese Grundnorm ist in sich einleuchtend und bedarf hier keiner längeren Begründung. Die volle Eucharistiegemeinschaft ist mindestens dort, wo sie voll in der Öffentlichkeit der Kirche und der Gesellschaft überhaupt vollzogen ist, auch eine Auswirkung und ein Bekenntnis der vollen Kirchengliedschaft in der katholischen Kirche. Wenn wir zunächst noch absehen von der in diesem eben ausgesprochenen Prinzip gemachten Nuancierung dieses Prinzips gegenüber einer landläufig gegebenen Formulierung dieser Norm, dann sind die katholischen Theologen wohl ungefähr alle hinsichtlich dieser Norm einig, und zwar auch hinsichtlich der Konsequenzen, die sich aus dieser Grundnorm ergeben. Wegen dieser mindestens operativen Einheit der Lehre braucht hier die Frage nicht weiter behandelt zu werden, ob diese Norm schlechthin iuris divini ist oder einen gewissen Einschlag einer positiven Festsetzung von seiten der Kirche in sich trägt. Denn zweifellos hätte auch im zweiten Fall die Kirche das Recht zu einer solchen Festlegung, wann eine Teilnahme an ihrem vollen Eucharistiegottesdienst von ihr zugelassen wird, wann nicht, und hinsichtlich dieser möglicherweise denkbaren positiven Festsetzung braucht über deren Angemessenheit und Sinnhaftigkeit gewiß keinen Zweifel erhoben zu werden.

b) Die Kirche gestattet aber in bestimmten Fällen die Zulassung eines nicht-katholischen Christen zum Eucharistieempfang, wie er einem katholischen Christen gewährt wird. Wie schon gesagt, halten wir solche „Ausnahmen“ für legitim, mindestens im großen und ganzen. Solche Ausnahmen werden gewährt, auch wenn der Zugelassene hinsichtlich eines katholischen Dogmas wie etwa des päpstlichen Primats und der vollen episkopalen Sukzession (also auch in der Dimension der potestas iurisdictionis) im Irrtum lebt und diesen Irrtum nicht aufgegeben hat. Von da aus ist, um dies hier gleich zu sagen, die Frage nicht zu schnell und zu selbstverständlich zu beantworten, ob jedwede Auffassungsverschiedenheit bezüglich des Dogmas der Eucharistie selbst schon eine Interkommunion unmöglich macht. Aber darüber muß später noch eigens gehandelt werden. Jedenfalls aber ist mit diesen kirchlich gewährten „Ausnahmen“ doch schon gegeben, daß nicht in jedem Fall, wie immer er gedacht werden mag, eine Glaubensverschiedenheit oder Getrenntheit bezüglich der Kirche eine Zulassung zur katholischen Eucharistie verbietet. Es kann sich also für uns nur darum handeln, aus diesen faktischen Normen heraus jene Prinzipien zu gewinnen, deren Einheit die Doppeltheit der eben festgestellten Handlungsnormen der Kirche in unserer Frage gleichzeitig als sinnvoll verstehen lassen.

III. Die sich aus den kirchlichen Normen über Interkommunion ergebenden Prinzipien

1. Soll eine legitime Interkommunion gegeben sein, muß gewiß bei den an ihr beteiligten katholischen und nicht-katholischen Christen eine gewisse Selbigkeit der Handlung objektiv und in etwa subjektiv gegeben sein. Dieses Prinzip wird wohl meist als selbstverständlich schon stillschweigend vorausgesetzt. Es ist aber doch empfehlenswert, es ausdrücklich zu nennen. Wenn Menschen menschlich zu einer gemeinsamen Handlung zusammentreten, müssen sie, um sittlich zu handeln, gemeinsam ein Selbiges anstreben. Im Blick auf die Wesensmomente der Sakramente, bei denen die objektive Gültigkeit und die subjektive Aneignung und „Fruchtbarkeit“ nicht einfach identisch sind, wird man die verlangte Selbigkeit der Handlung auf katholischer und nicht-katholischer Seite bei der Interkommunion hinsichtlich ihrer objektiven und ihrer subjektiven Seite bedenken müssen. Hinsichtlich der objektiven Seite ist in unserem Fall nicht viel zu sagen, da die

Eucharistiefeier, um die es sich handelt, grundlegend durch den gültig ordinierten und rechtlich legitim beauftragten katholischen Priester konstituiert ist. Hinsichtlich der subjektiven Seite dieser Selbigkeit ist vom Gesichtspunkt der Sinnhaftigkeit und sittlichen Erlaubtheit einer menschlichen gemeinsamen Handlung mindestens einmal eine ganz fundamentale Selbigkeit zu fordern. Wo auf nicht-katholischer Seite überhaupt kein religiöser Vollzug intendiert würde, wo deutlich wäre, daß hier nur einer bürgerlichen Konvention Rechnung getragen werden solle, wäre eine solche Interkommunion schon von einem Standpunkt menschlicher Sittlichkeit zu verwerfen. Die Frage kann also nur sein, welche Selbigkeit in der eigentlich religiösen Sinngebung dieser gemeinsamen Eucharistiefeier von seiten des nicht-katholischen Partners mit der katholischen Gemeinde erforderlich ist und welche nicht. Daß keine absolute Selbigkeit erfordert ist, steht schon von den faktischen Normen der Kirche her fest. Es wäre eine zu große Simplifizierung der Frage, wenn man die eben anstehende Frage dahin beantworten wollte, daß hinsichtlich der Eucharistie selbst eine schlechthinnige Selbigkeit erfordert sei, während diese hinsichtlich anderer Glaubensinhalte einfachhin nicht erfordert wäre. Zwar hat die Frage nach der Selbigkeit der Überzeugung hinsichtlich der Eucharistie darum einen legitimen Vorrang bei unserer Frage, weil es sich eben um die Eucharistiekommunion und nicht um eine Kommunion in anderen Vollzügen der Kirche und des Glaubens handelt. Aber dennoch ist offenkundig die eben ins Auge gefaßte Auskunft doch zu einfach. Schon darum, weil objektiv und normalerweise auch subjektiv die Eucharistiefeier die höchste Aktualisation dieser katholischen Kirche in ihrer Konkretheit der Verfassung und des Glaubens ist, die Eucharistiefeier also an sich von ihr selbst her durchaus etwas mit dem ganzen katholischen Glauben und mit dem Selbstverständnis der Kirche zu tun hat, die einzelnen Dogmen gewissermaßen eine Interferenz haben und z.B. eine katholische Eucharistiefeier immer unter der Kommemoration des Papstes und des Bischofs geschieht, so daß von daher auch die Zulassung eines Orthodoxen im Unterschied zu einem evangelischen Christen der Probleme gar nicht entbehrt. Aber wenn es nun einmal irgendwelche Fälle einer Interkommunion gibt, die nicht nur scheinbar solche sind (in denen eigentlich eine volle Gliedschaft des nicht-katholischen Christen mit der katholischen Kirche von seiten des Nicht-Katholiken bewerkstelligt wird und dafür von seiten des Nicht-Katholiken eine explizite oder implizite Absicht besteht) und die doch legitim sind, dann kann eine volle Selbigkeit der Glaubensüberzeugung nicht für jedwede Interkommunion, die legitim sein soll, Voraussetzung sein. Bei dieser Frage ist auch der Unterschied zu bedenken zwischen der Glaubensüberzeugung, wie sie objektiv im Bekenntnis der einen und der anderen Kirche gegeben und – meist etwas zu schnell und naiv – als auch in den einzelnen Gliedern der betreffenden Kirche vorhanden vorausgesetzt wird, und dem faktischen Glaubensverständnis in seiner meist gegebenen begrenzenden Primitivität, das wirklich in den einzelnen Gliedern der verschiedenen Kirchen gegeben ist. Wo eine Interkommunion aus Gründen, die später zu besprechen sind, keine Demonstration in der Öffentlichkeit der Kirchen und der Gesellschaft ist für eine schon gegebene Glaubensgemeinschaft der Kirche oder für eine völlige Gleichgültigkeit der konfessionsbildenden Lehrdifferenzen, brauchten an die subjektive Selbigkeit der Glaubensüberzeugung der beiden Teile offenbar keine zu großen Anforderungen gestellt zu werden, zumal im subjektiven Glaubensbewußtsein der die Interkommunion Vollziehenden sehr viele objektiv zwischen den Kirchen bestehende Glaubensdifferenzen im subjektiven Bewußtsein gar nicht wirklich gegeben sind und darum offenbar dann die objektiven Glaubensdifferenzen zwischen den Kirchen nach den praktischen Normen der Kirche dann die Interkommunion nicht verbieten, wenn diese keine Demonstration der Belanglosigkeit dieser Differenzen wird. Aber darauf muß später unter anderen Gesichtspunkten zurückgekommen werden.

2. Es besteht ein realer (wenn man so sagen darf) Unterschied zwischen der kommunitären und der privaten Zeichenhaftigkeit des sakramentalen Geschehens. Dieser reale Unterschied ist gegeben, und grundsätzlich ist seine Beachtung legitim. Hier berühren wir einen Zentralpunkt in der ganzen Kontroverse bezüglich der Interkommunion. Die Ablehnung einer Interkommunion wird meist damit begründet, daß die Eucharistie nicht bloß das Zeichen der gnadenwirkenden Zuwendung Christi zum einzelnen für sein Heil ist, sondern gleichermaßen das Zeichen der Einheit der Kirche. Setzt man voraus, daß diese beiden Aspekte der Eucharistie schlechthin und in jedem Falle gleichrangig sind und voneinander einfach in keiner Weise sach-

lich unterschieden werden könnten, dann wäre eine offene Kommunion in *jedem* Falle unerlaubt, weil die ekklesiale Zeichenhaftigkeit bei einer offenen Kommunion mindestens in der Deutlichkeit und Vollständigkeit nicht gegeben wäre, wie die private Zeichenhaftigkeit bei ihr vorhanden ist. Gibt es aber irgendeinen legitimen Fall von offener Kommunion, dann können diese beiden Zeichenhaftigkeiten nicht einfach nur zwei Seiten von spiegelgleicher Art einer und derselben Zeichenhaftigkeit sein. Die Frage kann also nur sein, welcher Mangel an ekklesialer Zeichenhaftigkeit eine offene Kommunion noch legitim sein läßt, welche nicht.

3. Diese so gestellte Frage kann gewiß nicht einfach positivistisch damit beantwortet werden, daß gesagt wird: Jene offene Kommunion, die schon ausdrücklich von der Kirche erlaubt ist, hat keinen solchen Mangel an ekklesialer Zeichenhaftigkeit, der die offene Kommunion verbietet, alle anderen Fälle haben einen solchen Mangel. Denn die von der Kirche gestatteten Fälle bedürfen ja auch einer inneren Begründung, selbst wenn man annimmt, daß zu einer solchen Legitimität von der Sache her eine ausdrückliche Erlaubnis von seiten der Kirche hinzutreten müsse und diese positive Erlaubnis eben auch von der Sache selbst her gefordert werde. Überdies sieht die Kirche über die von ihr ausdrücklich gestatteten Fälle hinaus die Möglichkeit, daß es ähnlich gelagerte andere Fälle geben könne, die mindestens mit Erlaubnis des betreffenden Bischofs ebenfalls legitim sind. Es ist also die Frage zu stellen, welches die von der Sache selbst her gegebenen Fälle sind, in denen eine offene Kommunion erlaubt ist, in welchen nicht, es ist also eine prinzipielle Grenzziehung zu suchen, die die faktische Grenzziehung durch die Kirche legitimiert und für ähnliche Fälle brauchbar ist, ohne deshalb jedwede Interkommunion zu legitimieren. Wir suchen dieses Prinzip zu formulieren. Eine offene Kommunion ist legitim, wenn

a) ein nicht immer und überall schon gegebenes privatpersönliches Interesse an dem Sakramentenempfang besteht. Offenbar kann nicht jedwedes Interesse an einem Sakramentenempfang, wie es immer in einem solchen Empfang gegeben ist, die offene Kommunion legitimieren, denn sonst würde es sinnlos sein, daß für die ausdrücklich gestatteten Fälle bestimmte Voraussetzungen gefordert würden. Andererseits kann aber die Todesgefahr nicht als die einzige Situation eines besonderen Interesses gelten. Es ist nicht einzusehen, warum nur diese Todesgefahr ein solches besonderes Interesse begründen könnte. Gewiß wird im durchschnittlichen Empfinden, wie auch im CIC, für Todesgefahr ein besonderes Interesse am Sakramentenempfang gefordert, aber daß dieses Interesse von absoluter Einmaligkeit ist, läßt sich nicht beweisen, wenn man nicht der Meinung sein wollte, es gäbe Fälle, in denen das Heil absolut nur durch einen sakramentalen Akt gewährleistet wird. Daß die Nähe des Todes einen Menschen in eine Situation versetze, in der er, obwohl er noch lebt, hinsichtlich der ekklesialen Zeichenhaftigkeit langsam „exemt" werde, scheint mir auch eine ad hoc postulierte Vorstellung zu sein. Man könnte genausogut umgekehrt sagen, daß gerade ein Sterbender seine Zugehörigkeit zur Kirche als Zeichen seines Heiles am intensivsten realisieren müsse. Dazu kommt, daß die kirchliche Gesetzgebung selbst offenbar doch auch grundsätzlich Fälle für möglich hält, bei denen es nicht um das Sterben geht.

b) wenn der Mangel in der ekklesialen Zeichenhaftigkeit negativ und nicht positiv (privativ) ist. Diese Unterscheidung scheint mir verständlich und für unsere Frage grundlegend zu sein. Ich nenne einen Mangel an kirchlicher Zeichenhaftigkeit für die Einheit des Bekenntnisses und des Glaubens positiv (privativ), wenn in den konkreten Umständen, in denen der Sakramentenempfang geschieht, dieser Sakramentenempfang eine positive Erklärung hinsichtlich der Gleichgültigkeit der glaubensmäßigen (konfessionellen) Unterschiede und der Gleichgültigkeit und Gleichwertigkeit der verschiedenen Kirchen beinhalten würde, also der Glaubensunterschiede, die faktisch bei den Teilnehmern einer offenen Kommunion bestehen, und der konfessionellen Getrenntheit, die ebenfalls gegeben ist. Wo aus den konkreten Umständen heraus eine objektive oder dazu vielleicht auch noch subjektive Demonstration gegeben ist, daß diese Unterschiede in sich oder mindestens bezüglich des Sakramentenempfangs gleichgültig sind, ist eine offene Kommunion sicher illegitim, denn sonst wäre eine Interkommunion ohne jede Grenze legitim. Andererseits aber gibt es doch Fälle (unter Voraussetzung von a), in denen eine solche Demonstration in den konkreten Umständen nicht gegeben ist, der Mangel an ekklesialer, voller Zeichenhaftigkeit also negativ und privativ ist. Ein solcher bloß negativer Mangel ist zweifellos von der Sache her möglich. Denn es gibt gewiß Fälle des Sakramentenempfangs, in welchen weder der spendende noch der empfangende Teil dadurch in den Verdacht kommen, sie hielten die Unterschiede in Glauben und Kirchenzugehörigkeit in sich und auch für den Sakramentenempfang als solchen einfach für gleichgültig. Gäbe es solche Fälle nicht, dann wäre eben jedwede offene Kommunion unmöglich, denn es kann kein privates Interesse am Sakramentenempfang eine solche positive Erklärung eines dogmatischen und ekklesiologischen Indifferentismus legitimieren. Natürlich sind im konkreten Fall die Grenzen zwischen dem positiven (privativen) und dem bloß negativen Mangel an ekklesialer Zeichenhaftigkeit des Sakramentenempfangs nicht sehr leicht zu ziehen. Das ergibt sich aber einfach aus dem Wesen eines Zeichens, zu dessen Konstitution und nicht nur nachträglicher Interpretation das Verständnis einer kirchlichen Gesellschaft selbst gehört. Dieses Verständnis aber ist je nach der allgemeinen gesellschaftlichen Situation und auch der privaten Situation der unmittelbar Betroffenen von der Sache her variabel. Der physisch selbe Vorgang kann in einer konkreten Situation je nach den übrigen Umständen eine Demonstration des genannten Indifferentismus sein und kann es in anderen Situationen nicht sein. Es ist auch nicht zu bestreiten, daß zu dieser variablen Sinngebung des Zeichens auch positiv rechtliche Setzungen von seiten der Kirche beitragen, wenn diese auch den konkreten Sinn eines solchen Zeichens in einer bestimmten Situation nicht allein bestimmen. (Vielleicht darf zum Verständnis des Gemeinten auf einen analogen Fall in der Ahnenverehrung in China und Japan hingewiesen werden. Derselbe rituelle Vorgang konnte einmal in einer konkreten Umwelt den Charakter eines religiösen Vorgangs haben und konnte sich, ohne sich material selber zu verändern, durch die Veränderung der geistigen und gesellschaftlichen Situation in einen bürgerlichen Ritus verwandeln. Und eben diese Verwandlung konnte auch dadurch mitbedingt werden, daß die Kirche von sich aus diesen Ritus als bloß bürgerliche Zeremonie erklärte und dadurch ihr auch diesen Charakter verlieh.)

4. Ob bei einer offenen Kommunion ein bloß negativer Mangel an ekklesialer Zeichenhaftigkeit gegeben ist oder mehr, hängt nicht nur, aber auch davon ab, wieweit bei dem nicht-katholischen Sakramentenempfänger und bei der praktisch gegebenen Menge der katholischen Teilnehmer an einer solchen offenen Kommunion die faktischen Mög-

lichkeiten und Unmöglichkeiten der Erfassung konfessioneller Glaubensunterschiede, was Wesen der Sakramente und der Kirche angeht, wirklich gegeben sind. Gewiß ist bei einer solchen offenen Kommunion immer auch der katholische Amtsträger aktiv beteiligt, dem eine positive explizite Kenntnis der Bedeutsamkeit der Glaubens- und Kirchenunterschiede natürlich zuzutrauen sind. Aber bei diesem ist damit auch die Gefahr einer indifferentistischen Deutung dessen, was er selbst bei der offenen Kommunion tut, am wenigsten gegeben. Bei den übrigen Beteiligten an einer solchen offenen Kommunion hängt aber die Möglichkeit, diese werde als Demonstration eines dogmatischen oder kirchlichen Indifferentismus verstanden, davon ab, ob sie in ihrem konkreten Glaubens- und Kirchenbewußtsein solche Differenzen wirklich kennen und realisieren, die sie dann als theologisch und heilsmäßig gleichgültig erklären könnten. Nun wird man aber ganz nüchtern feststellen müssen, daß solche konfessionellen Unterschiede bei der großen Menge, die unter Umständen bei einer offenen Kommunion beteiligt ist, kaum realisiert werden. Von daher wird ja meist auch für die Erlaubnis einer offenen Kommunion argumentiert. Eine offene Kommunion unter diesen Umständen kann natürlich dann eine gewisse Gefahr hervorrufen, daß diese Menge die ihr mehr oder weniger gar nicht bekannten oder nur indirekt durch die ihnen bekannte Kirchenspaltung bekannten Unterschiede als auch prinzipiell gleichgültig betrachten. Im konkreten Fall muß gewiß eine solche Gefahr gesehen und bei dem Ermessensurteil, wo die Grenzen zwischen einem privativen und bloß negativen Mangel an ekklesialer Zeichenhaftigkeit liegen, einkalkuliert werden. Aber zunächst einmal ist dieser Mangel, der faktisch bei der heutigen Menge der Gläubigen gegeben ist, die ihren Glauben nicht mehr einfach von der sie tragenden Gesellschaft empfangen, eine Präsumtion dafür, daß in ihrer Situation keine Demonstration eines dogmatischen und kirchlichen Indifferentismus, kein positiver Mangel an ekklesialer Zeichenhaftigkeit gegeben ist. Das gilt natürlich nicht für Fälle, wie sich aus dem eben Gesagten ergibt, in denen Amtsträger von beiden konfessionellen Seiten her eine gemeinsame Eucharistiefeier halten würden. (Dazu wird allerdings weiter unten noch ein gewisser Vorbehalt gemacht: IV, 2.) Die theologische Frage, was nicht bloß gesellschaftlich, religionspsychologisch, sondern auch theologisch ein solches Fehlen eines dogmatischen Bewußtseins der konfessionellen Unterschiede in der Menge der Gläubigen in allen Konfessionen bedeutet, kann hier weiter nicht bedacht werden. Es sei nur die Vermutung geäußert, daß dieses Fehlen auch über das schon Gesagte hinaus für unsere Frage wie für das ganze Problem des Ökumenismus eine große Bedeutung hat. Es könnte nach meiner Meinung durchaus gezeigt werden, daß man in dieser Sache nicht mit der Berufung auf eine fides implicita auskommt, weil in vielen Fällen mindestens gerade jene glaubensmäßige Bezogenheit auf eine streng dogmatische Verbindlichkeit der eigenen Kirche fehlt und die eigene Kirchenzugehörigkeit, auch wenn man mit ihr durchaus zufrieden ist, mehr oder weniger deutlich als historischer Zufall der Geburt oder des Herkommens interpretiert wird.

5. Interkommunion scheint also nur dort prinzipiell zu verwerfen zu sein, wo sie in der Öffentlichkeit, die dem betreffenden Vorgang zukommt, ein nicht zu bestreitendes Bekenntnis der grundsätzlichen Gleichgültigkeit der Konfessionsverschiedenheit hinsichtlich Sakramenten und Kirche beinhaltet. Wenn wir sagen: „nur“, dann bedeutet dies nicht, daß ein solcher Fall einer illegitimen offenen Kommunion nur ein Randfall sei. Weil und insofern an sich ein voll ausgebildetes Glaubensverständnis bei den in Frage kommenden Menschen gefordert werden muß, weil die Sakramente einen ekklesialen Aspekt der Bezeugung der Einheit im Glauben und in der Kirche haben, ist die Ablehnung einer Interkommunion und somit auch zunächst einmal einer offenen Kommunion das zunächst Gegebene, und eine offene Kommunion muß nach den Prinzipien legitimiert werden, die wir oben unter 3. zu entwickeln versuchten. Diesbezüglich ist nochmals darauf hinzuweisen, daß für eine solche Legitimität einer offenen Kommunion grundsätzlich die Zustimmung *der Kirche* erforderlich ist, weil nur eine solche genügend deutlich macht, daß es sich nur um einen negativen Mangel an der ekklesialen Zeichenhaftigkeit des betreffenden Sakramentenempfangs handelt. Dabei kann hier die Frage offenbleiben, wer der Träger einer solchen kirchlichen Erlaubnis je nach dem Fall sein kann. Je weniger eine solche offene Kommunion in der Öffentlichkeit der Kirche bemerkbar ist und je geringer somit die Gefahr einer indifferentistischen Deutung wird, um so eher kann auch diese Erlaubnis und ihr Träger in einem mehr untergeordneten Bereich des kirchlichen Amtes wohl gedacht werden.

IV. Hinweise auf praktische Normen

1. Nach den angedeuteten Grundnormen ist es selbstverständlich, daß Nichtgetaufte zur Eucharistie nicht zugelassen werden können.

2. Es ist selbstverständlich, daß eine Interkommunion unter gleichberechtigter Teilnahme der Amtsträger mehrerer Konfessionen nicht gestattet werden kann. Denn mindestens in den meisten Fällen wäre dies eine Demonstration dafür, daß eine eigentlich theologisch zu wertende Spaltung unter den Kirchen gar nicht besteht. Ob es nicht doch einzelne Fälle geben könne, bei denen aus den konkreten Verhältnissen heraus eine solche Demonstration doch nicht gegeben ist und darum anders entschieden werden könnte, kann dennoch dahingestellt bleiben. So etwas soll hier nicht absolut verneint werden. Aber das Vorliegen eines solchen immerhin denkbaren Falles müßte doch durch ein ausdrückliches oder stillschweigendes Einverständnis mit der kirchlichen Obrigkeit, so will mir scheinen, bestätigt werden. Solch eine schlechthinnige Interkommunion bliebe aber im *Normalfall* eben eine Demonstration für die theologische und religiöse Unerheblichkeit der Unterschiede im Sakramenten- und Kirchenverständnis der getrennten Kirchen, würde diese Kirchen zu glaubensmäßig nur unerheblich verschiedenen äußeren Organisationen des Christentums herabdrücken, würde das faktisch gegebene Glaubensverständnis der Mitglieder der einzelnen Kirchen zu einem absoluten Prinzip exklusiver Art erheben, würde nur sehr radikale Differenzen im christlichen Glaubensbewußtsein verschleiern (über das Sakramenten- und Kirchenverständnis hinaus), die über kurz oder lang doch manifest würden und so schlimmere Kirchenspaltungen durchsetzen müssen als die, die wir jetzt beklagen. Wo das subjektive Glaubensverständnis ohne Rückbindung an das einer größeren Glaubensgemeinschaft sich absolut setzt und zur einzigen Norm macht, kann es eine Zeitlang eine Einheit vortäuschen, wird sich aber auf die Dauer als spalterisch erweisen. Bei einer absoluten Interkommunion würden bald einzelne voneinander getrennte Sympathiegemeinden an der Basis sich bilden, die noch weniger Verbindung untereinander hätten, als die jetzt getrennten Kirchen. Mit dem genannten Grundprinzip ist freilich die Frage noch nicht adäquat beantwortet, was das kirchliche Amt tun solle, wenn de facto doch eine solche Interkommunion mit Beteiligung von Amtsträgern mehre-

rer Kirchen vorkommt. Diese Frage ist schwer zu beantworten, weil das Amt in der Kirche sich nicht nur um grundsätzlich richtige, sondern auch um effektive Erklärungen bemühen muß, durch eine bloße Verurteilung derartiger Interkommunionen sie aber nicht schon eo ipso aus der Welt geschafft sind. Hier wären weitere Überlegungen anzustellen.

3. Bei einer offenen Kommunion, die einen mehr privaten Charakter hat und die nur einen negativen Mangel an ekklesialer Zeichenhaftigkeit hinsichtlich desselben Sakramentenverständnisses und des Kirchenbegriffes aufweist, scheint eine gewisse Großzügigkeit und Toleranz durchaus am Platze zu sein. Hier sollte man und dürfte man dem wohlüberlegten Ermessen auch des einzelnen Seelsorgers einen gewissen Spielraum einräumen. Er müßte zwar dafür sorgen, daß eine solche offene Kommunion (bei Eheschließungen und anderen Feierlichkeiten) nicht einfach zur Zulassung einer unbegrenzten Menge und zur bloß bürgerlichen Konvention wird, aber man sollte in solchen Fällen nicht ängstlich sein und auch nicht in allen Fällen eine explizite Erlaubnis von seiten des Bischofs oder Roms fordern. Eine solche strenge Regelung bliebe faktisch unwirksam, scheint nicht unbedingt erforderlich zu sein und würde nur Gewissensunruhe schaffen, ohne faktisch so geartete Fälle zu verhindern. Natürlich ist auch in solchen Fällen ein gewisser Konsens religiöser und theologischer Art bei den Beteiligten über das sakramentale Geschehen erforderlich, aber man sollte hierin nicht mehr fordern, als bei der Verfassung der Beteiligten ernsthaft erwartet werden kann. Wenn der nicht-katholische Christ ernsthaft und entschieden am Abendmahl Jesu teilnehmen will, dann scheint dies in einem solchen Fall genügend zu sein, man kann das Weitere dem in einem solchen Willen implizierten Glauben, einer fides implicita, überlassen und muß nicht von ihm Artikulationen dieses Glaubens verlangen, die er nicht nachvollziehen kann und die meist auch bei katholischen Christen nicht gegeben sind.

4. Wo Fälle gegeben sind, in denen die Grenze zwischen einem bloß negativen und einem positiv privativen Mangel an Einheit nicht mehr ganz deutlich ist, wäre natürlich eine positive und ausdrückliche Gestattung von seiten des Amtes erfordert, weil gerade ja auch so Unklarheiten hinsichtlich des Charakters dieser offenen Kommunion beseitigt werden können, da eine solche Erlaubnis selbstverständlich

(unter den nötigen Voraussetzungen sachlicher Art) einer solchen offenen Kommunion den Charakter einer Demonstration für die Unerheblichkeit dogmatischer Unterschiede unter den Beteiligten nehmen kann. Wo eine solche Erlaubnis gegeben und als notwendig eingeholt und angenommen wird, ist die Gefahr eines Mißverständnisses einer solchen offenen Kommunion gewiß weithin beseitigt.

5. Die von Rom ausdrücklich gestatteten Fälle von offener Kommunion wären daraufhin zu prüfen, welche analogen, aber nicht ausdrücklich genannten anderen Fälle sie neben sich haben oder haben können, die das Recht auf gleiche Behandlung haben. Es müßte dann weiter geprüft werden, ob solche Fälle in einer analogia iuris durch die römischen Erlasse schon erlaubt sind oder noch eine eigene Erlaubnis von seiten Roms oder (was ja auch vorgesehen ist) von seiten des zuständigen Bischofs erfordern.

Klaus P. Fischer
Der Mensch als Geheimnis

Die Anthropologie Karl Rahners
Mit einem Brief von Karl Rahner

Der vielleicht folgenreichste Aspekt der modernen Glaubensnot ist ein säkularisiertes Verständnis des Menschen, das ihn als ein innerweltlich vollständig erklärbares und autonom vollendbares Wesen hinstellen möchte, und das demzufolge auf Gott, Religion und den Glauben an Jesus Christus leichten Herzens verzichten zu können glaubt. In Rahners theologischer Anthropologie ist die Auseinandersetzung mit diesem säkularen Zeitgeist offen oder verborgen immer gegenwärtig. Klaus P. Fischer ist der Ansicht, daß Rahners Bereitschaft, als Christ und Theologe es mit diesem Zeitgeist aufzunehmen, den Ausschlag gegeben hat für die außergewöhnliche Fruchtbarkeit und Resonanz seines Lebenswerkes.
Diese von Karl Rahner geleistete Auseinandersetzung als Beitrag für den Glauben heute bis in ihre Wurzeln zu verfolgen und anderen zugänglich zu machen, ist Sinn und Ziel dieser herausragenden Untersuchung von Klaus Fischer, zu der Prof. Henri Bouillard, Paris, schreibt: „Ich kenne bislang kein Werk, welches das Denken Karl Rahners so gut verständlich macht, und zwar sowohl in seiner zentralen Einheit wie in seiner Vielschichtigkeit“.

Ökumenische Forschungen, II. Soteriologische Abteilung, Band V
420 Seiten, Leinen, ISBN 3-451-16826-X

Verlag Herder Freiburg · Basel · Wien

Macht – Dienst – Herrschaft in Kirche und Gesellschaft

Herausgegeben von Wilhelm Weber

20 Fachleute diskutieren nach den neuesten Erkenntnissen der Konflikts- und Kommunikationsforschung, belegt an konkreten Beispielen, unter soziologischen, psychologischen und theologischen Aspekten Probleme um Macht, Dienst und Herrschaft in Kirche und Gesellschaft. Alle Autoren sind bemüht, die Realität nicht zugunsten utopischer Perspektiven zu überspringen, sondern behutsam das Problem einer Lösung näherzuführen.
Beiträge von: A. Beckel, H. Eising, W. Heinen, I. Hermann, H. Herrmann, P. Hünermann, E. Iserloh, U. Koch, B. Kötting, H. Kramer, E. Lengeling, P. Lengsfeld, K. Löning, E. Nawroth, W. Pötter, A. Rauscher, G. Remmers, W. Thüsing, W. Weber, R. Zerfaß.

256 Seiten, kartoniert laminiert, ISBN 3-451-16871-5

Verlag Herder Freiburg · Basel · Wien